Éloges pour *Les*

« Magnifique ! *Les femmes de Noël* rayonne de tendresse et de joie. C'est un livre agréable à lire et fidèle à l'histoire originale. Avec une chaleur sincère, une profonde sagesse et un émerveillement rafraîchissant, Liz Curtis Higgs offre un mélange parfait pour la période des fêtes — ce dont toute femme plongée dans l'effervescence de Noël a besoin. J'ai savouré chaque mot. »

— Ann Voskamp, auteure de *One Thousand Gifts :
A Dare to Live Fully Right Where You Are*,
best-seller du *New York Times*

« Liz Curtis Higgs exploite adroitement les Écritures, révélant des trésors inédits dans l'histoire familiale. En tournant les pages de ce petit livre profond, nous pénétrons dans le cœur de ces femmes et sentons le nôtre s'attendrir au spectacle de la beauté de la grâce divine. »

— Nancy Guthrie, auteure de la série d'études bibliques
Seeing Jesus in the Old Testament

« Cette année, faites le bonheur de vos amis en leur offrant à l'avance *Les femmes de Noël*, et ainsi les inviter à découvrir de quelle manière Élisabeth, Marie et Anne faisaient partie d'un plan divin pour nous sauver. Comme le souligne Liz, "Ne doutez jamais que les femmes comptent aux yeux du Tout-Puissant". »

— Dee Brestin, auteure de *Idol Lies : Facing the Truth
About Our Deepest Desires*

«*Les femmes de Noël* nous invite à faire une escapade avec notre Sauveur pour échapper au brouhaha de l'une des périodes les plus frénétiques de l'année. Avec son ton chaud et accueillant, Liz Curtis Higgs nous entraîne dans l'histoire touchante des femmes qui ont entouré la naissance de notre Messie, nous amenant à repenser notre relation avec lui. Un ouvrage biblique inspirant, d'une grande dévotion. Quelle façon merveilleuse de vivre l'expérience de Noël!»

— Kelly Minter, auteure de *Nehemiah :*
A Heart That Can Break

Les femmes de Noël

Les *femmes* de Noël

Revivez l'expérience de Noël avec
Élisabeth, Marie et Anne

Liz Curtis Higgs

Traduit de l'anglais par
Patrice Nadeau

Éditeur : François Doucet

Traduction : Patrice Nadeau

Révision linguistique : Féminin pluriel

Correction d'épreuves : Nancy Coulombe, Catherine Vallée-Dumas

Montage de la couverture : Mathieu C. Dandurand

Image de la couverture : © Thinkstock

Mise en pages : Sébastien Michaud

ISBN papier 978-2-89752-043-4

ISBN PDF numérique 978-2-89752-044-1

ISBN ePub 978-2-89752-045-8

Première impression : 2014

Dépôt légal : 2014

Bibliothèque et Archives nationales du Québec

Bibliothèque Nationale du Canada

Éditions AdA Inc.
1385, boul. Lionel-Boulet
Varennes, Québec, Canada, J3X 1P7
Téléphone : 450-929-0296
Télécopieur : 450-929-0220
www.ada-inc.com
info@ada-inc.com

Originally published in English under the title :
The Women of Christmas by Liz Curtis Higgs
Copyright © 2013 by Liz Curtis Higgs
Published by WaterBrook Press,
an imprint of The Crown Publishing Group,
a division of Random House LLC
12265 Oracle Boulevard, Suite 200
Colorado Springs, Colorado 80921 USA

International rights contracted through :
Gospel Literature International
P.O. Box 4060, Ontario, California 91761-1003 USA

This translation published by arrangement with
WaterBrook Press, an imprint of The Crown Publishing Group,
a division of Random House LLC

French edition © (2014) Éditions AdA Inc.

Diffusion
Canada :   Éditions AdA Inc.
France :   D.G. Diffusion
                Z.I. des Bogues
                31750 Escalquens — France
                Téléphone : 05.61.00.09.99
Suisse :   Transat — 23.42.77.40
Belgique :   D.G. Diffusion — 05.61.00.09.99

Imprimé au Canada

Participation de la SODEC.
Nous reconnaissons l'aide financière du gouvernement du Canada par l'entremise du Fonds du livre du Canada (FLC) pour nos activités d'édition.
Gouvernement du Québec — Programme de crédit d'impôt pour l'édition de livres — Gestion SODEC.

Catalogage avant publication de Bibliothèque et Archives nationales du Québec et Bibliothèque et Archives Canada

Higgs, Liz Curtis

[Women of Christmas. Français]
Les femmes de Noël
Traduction de : The Women of Christmas.
ISBN 978-2-89752-043-4
1. Jésus-Christ - Nativité. 2. Marie, Sainte Vierge. 3. Élisabeth (Mère de saint Jean-Baptiste), sainte. 4. Anne (Prophétesse biblique). 5. Bible. Luc - Critique, interprétation, etc. I. Titre. II. Titre : Women of Christmas. Français.

BT315.3.H5314 2014   232.92   C2014-941422-6

À ma belle-sœur,

Annie,

née le jour de Noël.

Tu es un cadeau pour notre famille

et pour tous ceux qui te connaissent.

Sois bénie de m'avoir encouragée

de tant de manières, ma chérie,

année après année.

Je t'aime.

Table des matières

Un   Que chaque cœur lui prépare une place 1

Deux   Que toute chair mortelle fasse silence 21

Trois   La douce mère vierge 37

Quatre Ô nouvelle de réconfort et de joie 57

Cinq   Avec le cœur, et l'âme, et la voix 81

Six   Le cadeau miraculeux est donné 109

Sept   Et nos yeux enfin le verront 135

Huit   La joie de tous les cœurs pleins d'espoir 161

Guide de lecture 177

Notes 191

Versions additionnelles de la Bible 209

Remerciements 213

Un

Réjouissons-nous, le Seigneur est arrivé !
Que la terre reçoive son roi ;
Que chaque cœur lui prépare une place,
Et le ciel et la nature chantent,
Et le ciel et la nature chantent,
Et le ciel, et le ciel, et la nature chantent.

— Isaac Watts, Joy to the World, 1719

Que chaque cœur lui prépare une place

*B*ien avant que les clochettes d'argent ne tintent, que les lumières de Noël ne clignotent et que les traîneaux tirés par des chevaux ne s'élancent joyeusement sur la neige, Dieu est descendu sur terre avec le plus beau de tous les présents.

De l'amour, enveloppé dans des langes.

De l'espoir, blotti dans une crèche.

Trois femmes ont joué un rôle vital dans la naissance du Messie : Élisabeth, Marie et Anne. Même si vous avez déjà fait connaissance avec elles, je pense que vous aimerez mieux les connaître. Et je suis ravie de faire ce voyage avec vous !

Leurs vies furent très différentes. Élisabeth était mariée, établie et mature. Sa parente Marie était jeune, vivait encore sous le toit paternel et était fiancée à un charpentier. Anne était une veuve âgée dont chaque heure éveillée était entièrement consacrée à Dieu. Avant d'arriver à la dernière page, nous comprendrons pourquoi Dieu les a choisies. Et pourquoi — et cela ne cesse de m'étonner — Dieu nous a choisis aussi.

Nous nous intéresserons aussi aux hommes dans leurs vies, incluant un vieux prêtre nommé Zacharie, un nouveau marié, Joseph, et un frère dans la foi, connu sous le nom de Syméon.

Malgré tout, ce sont les femmes qui portent l'histoire, nous enseignant par leur exemple comment attendre le Seigneur, lui faire confiance en tout ce qui nous importe et prier jusqu'à ce que nos prières soient exaucées. Nous entendrons aussi s'exprimer plus d'une vingtaine de femmes qui ont partagé leurs impressions lors de mes études bibliques en ligne. Par leur honnêteté et leur humilité, elles nous font voir que ces histoires anciennes sont toujours actuelles, en nous enseignant ce que signifie « remettre nos vies entre les mains de Celui qui nous aime le plus ».

Et il vous aime vraiment. Il l'a toujours fait, ne cessera jamais de le faire. Si un seul message de ce livre se fraie un chemin dans votre cœur, que ce soit que l'amour de Dieu pour vous est plus grand, plus long, plus haut et plus profond que tout ce que vous ne pourrez jamais imaginer !

Noël est tellement plus qu'une période de vacances. Tellement plus que faire des achats, emballer des cadeaux, cuisiner, installer des guirlandes ou jeter nos cartes de souhaits à la poste. C'est un moment de réflexion, de préparation et de renouveau. Le moment idéal pour mettre de côté nos listes d'emplettes et ouvrir nos bibles, où l'histoire de l'Enfant Jésus nous attend.

Blottissez-vous dans un endroit douillet, et plongeons.

*Cette année, je veux lever les yeux et renaître à la
véritable signification de cette fête.*

— MIRIAM

Et nous débutons donc par Élisabeth, notre première
femme de Noël.

La fébrilité nous gagne alors que nous nous tournons vers l'Évangile selon saint Luc. Nous savons ce qui
nous attend. Ou le savons-nous vraiment ? Les détails
oubliés, les vérités omises pourraient nous surprendre
et nous enseigner quelque chose de neuf au sujet de
Dieu et de son amour pour nous. La naissance de son
Fils est une histoire qui ne vieillit jamais, qui ne perd
jamais son pouvoir de changer notre façon de penser et
d'organiser nos priorités.

Marie est bien sûr la plus célèbre du trio, pourtant,
sa parente plus âgée, Élisabeth, entre en scène la première en compagnie de l'homme qu'elle a épousé.

« Il y avait au temps d'Hérode, roi de Judée, un
prêtre nommé Zacharie… » *Luc 1,5*

Un prêtre ordinaire. Les rues de Jérusalem en foison-
naient. Selon les traductions, son nom s'écrit
« Zacharias », « Zacharie » et même « Zachary ». Le même
individu. Zacharie n'était pas seulement un homme
bon ; c'était aussi un homme de Dieu, descendant d'une
longue lignée de pieux serviteurs.

« … de la classe d'Abia… » *Luc 1,5*

Abia n'était que l'une des vingt-quatre classes[1] de prêtres; il y en avait donc beaucoup. Depuis l'époque d'Aaron, leurs devoirs comprenaient les holocaustes, les sacrifices de paix, le service, l'action de grâce et la louange, aux portes du camp du Seigneur[2]. Une condition enviable, quoiqu'avec autant de prêtres, très peu fussent choisis pour exercer un ministère dans le Saint des Saints du temple.

Maintenant que nous avons présenté Zacharie, voici la femme avec laquelle nous avions hâte de faire connaissance.

> «... sa femme appartenait à la descendance d'Aaron et s'appelait Élisabeth.» *Luc 1,5*

Un prénom populaire, très prisé au cours des siècles. Ma mère s'appelait Élisabeth; je porte aussi ce nom, de même que ma belle-fille, quoique chaque génération lui ait choisi son propre diminutif : Betty, Liz ou Beth. La signification demeure la même : «promesse de Dieu» ou «serment de Dieu».

Comme son mari, Élisabeth faisait partie de la lignée d'Aaron, ce qui faisait d'elle un bon parti pour Zacharie, puisqu'épouser une femme qui descendait d'un prêtre était un privilège enviable[3]. Parmi ses nombreuses tâches, Élisabeth devait maintenir les vêtements sacerdotaux de son mari en bon état et recevoir les visiteurs dans leur maison pour discuter des affaires du temple[4].

Nous connaissons de tels couples. Nous les avons vus à l'église, échanger des sourires dans le stationnement. Des gens heureux en mariage, servant le Seigneur avec zèle, ne faisant que le bien.

«Tous deux étaient justes devant Dieu et ils suivaient tous les commandements et observances du Seigneur d'une manière irréprochable.» *Luc 1,6*

Ils vivaient «honorablement devant Dieu» (MSG[*]) et humblement aussi, sachant que le Seigneur seul était la source de leur vertu. Il peut sembler qu'Élisabeth et son mari étaient loyaux et méritaient pour cela l'approbation de Dieu, mais, en vérité, c'était plutôt l'inverse. C'étaient la puissance de Dieu et son effet dans leur vie qui leur donnaient la possibilité de faire le bien.

Cela est vrai pour nous tous, évidemment. Quoiqu'il soit tentant de louer les gens pour leur droiture, il est préférable de glorifier Celui qui les a faits tels qu'ils sont. «Car c'est lui qui nous a faits; nous avons été créés en Jésus-Christ pour les bonnes œuvres que Dieu a préparées afin que nous nous y engagions[5].»

Après ces propos optimistes concernant Élisabeth et son mari dans les versets d'introduction, il est temps de passer au volet suivant. Quand les bénédictions divines pleuvent sur nos têtes, il est facile d'être fidèle. Le vrai test survient avec les déceptions et lorsque le chagrin nous afflige.

«Mais ils n'avaient pas d'enfant…» *Luc 1,7*

---

[*] N.d.T.: Les références en petites majuscules entre parenthèses renvoient à différentes traductions anglaises de la Bible. La liste se trouve à la fin du livre. La traduction française de ces fragments est libre.

Oh non! Un tel malheur à ces deux âmes irréprochables?
J'en ai peur. En dépit de leur bonté et de leur droiture, la tristesse s'était frayé un chemin dans leur maison. Dans leur monde, les enfants étaient vus comme des récompenses de Dieu à ses fidèles serviteurs[6]. Nous pouvons imaginer les questions angoissantes qui rampaient dans leurs esprits, alors qu'une année après l'autre passait sans enfant dans leurs bras. *Ne sommes-nous pas assez fidèles, Seigneur? T'avons-nous déshonoré d'une façon ou d'une autre?*

Dès qu'ils entendaient les paroles du psautier, «des fils sont la part que donne le Seigneur, et la progéniture un salaire[7]», Zacharie et Élisabeth devaient s'armer de courage, dissimuler leur tristesse, alors qu'ils évitaient les regards obliques de leurs voisins.

«... parce qu'Élisabeth était stérile...» *Luc 1,7*

En ce temps-là, la femme portait l'entière responsabilité d'une telle situation. L'«infertilité d'Élisabeth» (PHILLIPS) était la difficulté. C'était elle qui était marquée comme étant «stérile» (ASV). Combien de fois Élisabeth dut-elle entendre cette dure parole murmurée sur son passage? Certaines femmes devaient sûrement avoir de la pitié dans le regard, d'autres, un certain mépris, se demandant ce qu'Élisabeth avait dû faire pour déplaire à Dieu. Quand elle se joignait à elles au puits à la tombée du jour, les joyeux babillages des femmes au sujet de leurs fils et de leurs petits-fils devaient s'arrêter dans un silence embarrassé.

Aux yeux de ses voisins, Élisabeth «avait failli sur le plan fondamental[8]». Une épouse devait donner à son mari des fils et ainsi maintenir l'honneur de son nom[9]. Les conséquences de ne pas le faire pouvaient être graves : désapprobation, humiliation, divorce[10].

Je suis de tout cœur avec Élisabeth, tout comme je souffre avec tous les couples qui désirent depuis longtemps des enfants et voient leurs espoirs déçus.

Bien que déçue et souffrant silencieusement, Élisabeth a cru à la promesse de Dieu. Elle s'est accrochée au fait qu'elle était une fille de Dieu, sans jamais cesser d'attendre, de prier et d'écouter.

— SHERRY

Une femme au début de la trentaine m'a confié un jour : «Apparemment, mon mari et moi ne pouvons pas avoir d'enfants.» N'ayant jamais été enceinte, elle craignait que cela ne se produise jamais — une conclusion logique basée sur l'évidence. Toutefois, le mot «apparemment», ici, est éloquent. La foi consiste à croire ce qui n'est pas visible, ce qui n'est pas apparent. Cette sage jeune femme laisse discrètement une porte ouverte à un miracle.

Élisabeth aussi avait besoin d'un miracle. Elle n'était pas seulement stérile ; elle avait aussi passé la fleur de sa jeunesse, et son mari également.

«... et ils étaient tous deux avancés en âge.»
Luc 1,7

Nous ne connaissons pas leur âge, peut-être avaient-ils quarante, soixante ou quatre-vingts ans. Nous savons seulement qu'Élisabeth et Zacharie étaient «frappés par les années» (ASV). Plus pertinemment, ils étaient «trop âgés pour avoir des enfants» (GOD'S WORD), tout comme le patriarche Abraham et sa femme, Sara. Nous savons comment cette histoire-là s'est terminée : Sara, âgée de quatre-vingt-dix ans, tenant un bébé dans ses bras !

Le temps était venu pour Dieu d'intervenir et de rendre possible l'impossible. J'ai la chair de poule rien que d'y penser, pas vous ? Noël est le temps des miracles. Le premier est sur le point de se produire.

«Vint pour Zacharie le temps d'officier devant Dieu selon le tour de sa classe...» *Luc 1,8*

Comme les prêtres n'avaient pas d'âge pour prendre leur retraite[11], Zacharie remplissait encore ses fonctions de prêtre quand une bénédiction inattendue survint.

«... suivant la coutume du sacerdoce, il fut désigné par le sort...» *Luc 1,9*

Cette manière de tirer au sort — un peu comme un coup de dé — ne paraît pas très spirituelle, mais c'est ainsi que les prêtres devinaient les intentions divines. Peu importe la manière, le Dieu souverain avait choisi Zacharie pour cet office.

«... pour offrir l'encens à l'intérieur du sanctuaire du Seigneur.» *Luc 1,9*

Puisqu'il y avait tant de prêtres entre lesquels choisir, ce dut être le point culminant du ministère de Zacharie, l'occasion tant attendue d'offrir l'encens aromatique à l'autel. Selon la loi de Moïse, « Aaron* y fera fumer le parfum à brûler ; matin après matin, quand il arrangera les lampes, il le fera fumer. Et quand Aaron allumera les lampes, au crépuscule, il le fera fumer. C'est un parfum perpétuel devant le Seigneur, d'âge en âge[12] ».

« Toute la multitude du peuple était en prière au-dehors à l'heure de l'offrande de l'encens. »
Luc 1,10

Alors, combien étaient présents « à l'heure du parfum » (YLT)? On nous dit qu'une « grande multitude » (ESV) se rassemblait pour prier, bien que ce ne soit pas tout le monde à Jérusalem qui venait. Seulement les « Juifs pieux qui aimaient être près du temple quand des sacrifices étaient offerts[13] ».

Élisabeth était sûrement parmi eux, debout avec les autres dans la cour des femmes, toutes « levant silencieusement leur cœur en prière vers Dieu[14] ». La place ouverte était sans doute assez calme pour permettre d'entendre le tintement des clochettes brodées à l'ourlet de la robe bleu ciel du grand prêtre, alors que lui et plusieurs autres officiants menaient Zacharie au sanctuaire, afin qu'il brûle l'encens sacré.

Le grand moment dans la vie de son mari était enfin arrivé. Comme Élisabeth devait être fière ! Elle n'avait pas donné de fils à Zacharie, mais elle lui avait offert un

---

* N.d.T.: Aaron, frère de Moïse, premier grand prêtre d'Israël.

soutien constant pendant leurs nombreuses années de vie commune. Vous pouvez être assurés qu'Élisabeth participa ce jour-là dans la cour des femmes, murmurant peut-être les mots de David : «Que ma prière soit l'encens placé devant toi[15].»

> *Élisabeth n'a pas pris la chose entre ses propres mains.*
> *Elle a placé son avenir entre les mains capables de*
> *Dieu.*
>
> — MARBARA

Une autre femme, bien plus âgée qu'Élisabeth, était sans doute présente, puisqu'«elle ne quittait pas le temple[16]». Nous n'avons pas encore fait connaissance avec Anne, mais nous le ferons dans un chapitre ultérieur. Pour l'instant, nous pouvons nous la représenter parmi ces femmes dévotes qui priaient Dieu.

Entre-temps, les autres prêtres s'étaient retirés du sanctuaire, laissant Zacharie seul présenter l'offrande[17]. Puisqu'il n'avait jamais accompli cette tâche auparavant, s'il était un peu nerveux, même légèrement maladroit, personne n'aurait pu l'en blâmer. On attendait de lui qu'il brûle l'encens chaque matin et chaque soir pendant toute une semaine[18] en présence du Dieu tout-puissant.

Devant lui s'élevait l'autel, fait de bois et couvert d'or pur. Deux fois plus haut que large, l'autel, qui lui arrivait à la taille, arborait une corne d'or à chaque coin. D'un côté, il y avait la table dorée avec le pain d'offrande[19]. Et de l'autre côté, le candélabre d'or.

Tout était en place. Tout était prêt.

Mais Zacharie n'était pas seul.

« Alors lui apparut un ange du Seigneur, debout
à droite de l'autel de l'encens. » *Luc 1,11*

Oh ! Même s'il officiait dans son temple sacré, Zacharie
n'était pas préparé à ce qu'un événement divin se produise. Pourtant, c'est arrivé. Dieu balaya le nuage d'encens et révéla sa présence par l'entremise d'un ange.

« À sa vue, Zacharie fut troublé… » *Luc 1,12*

Qui ne l'aurait pas été ? Sa réaction est décrite par un
« mot exprimant une émotion profonde[20] », devant
dépeindre tout ce qu'il pensait et ressentait : il était
« ébahi » (NIRV), « perplexe » (KNOX), « effrayé » (GNT) et
« secoué » (NLT). Nous sommes là à ses côtés, imaginant
cette créature céleste assez près pour être touchée.

Zacharie connaissait l'existence des messagers
divins, mais il n'en avait jamais rencontré un auparavant, ni aucun autre prêtre de sa connaissance. Depuis
plus de quatre cents ans, Dieu n'avait plus adressé une
seule parole à son peuple, Malachie ayant été le dernier
prophète, vers l'an 435 avant Jésus-Christ.

Maintenant, un ange se tenait près de l'autel de l'encens. *Un ange.* « Le mince voile entre le visible et l'invisible avait été déchiré un instant[22]. » Pas étonnant que
Zacharie ait été « paralysé » (MSG).

« … et la crainte s'abattit sur lui. » *Luc 1,12*

Nous savons à partir de descriptions trouvées ailleurs
dans la Bible que les anges sont plus grands que nature,

plus blancs que neige et plus effrayants que tout ce qu'on peut imaginer. Peut-être est-ce pour cela que le mari d'Élisabeth fut « terrifié à sa vue » (CJB).

« Mais l'ange lui dit : "Sois sans crainte, Zacharie..." » *Luc 1,13*

L'ange ne faisait pas de reproches à Zacharie ; il le rassurait. « N'aie pas peur » (KJV), dit-il. « Calme-toi ! » (VOICE). Je dois toujours voir ces mêmes mots brodés sur un oreiller, encadrés au mur, griffonnés sur le tapis de ma souris – partout où je peux poser les yeux – pour me rappeler que c'est Dieu qui mène, que l'on doit faire confiance à Dieu et que Dieu fait tout par amour. *N'aie pas peur. Calme-toi.* Pourquoi craignons-nous le pire de Dieu, alors qu'il nous aime sans compter et nous offre toujours ce qu'il y a de mieux ?

Même les choses que nous ne comprenons pas sont une manifestation de la bonté de Dieu.

– STEPH

« ... car ta prière a été exaucée. » *Luc 1,13*

Une bonne nouvelle, assurément. Mais de quelle prière de Zacharie parlait-il ? Celle concernant Élisabeth, au sujet de son infertilité ? Si c'était le cas, sa question suivante aurait dû être : « Mais pourquoi avoir pris tant de temps ? » Ce couple vertueux avait sûrement dû prier pour le cadeau d'un enfant pendant des décennies. Pourquoi ce délai ?

Selon le plan parfait de Dieu, le moment propice était maintenant arrivé. Et si la prière de Zacharie allait au-delà d'une simple demande personnelle — si elle avait pour objet la rédemption d'Israël, une requête légitime de la part d'un prêtre pieux —, Dieu l'avait entendue aussi, et sa réponse était prête.

Les paroles suivantes de l'ange durent secouer Zacharie au plus profond de son être.

« Ta femme Élisabeth t'enfantera un fils, et tu lui donneras le nom de Jean. » *Luc 1,13.*

Un fils ? Un fils ! Zacharie avait attendu toute sa vie pour entendre ces mots. Et ce message divin était allé droit au but. Tant d'information condensée dans une seule courte phrase.

« Ta femme Élisabeth » signifiait clairement que Zacharie ne devait pas se mettre à la recherche d'une femme plus jeune et plus fertile (l'ombre d'Abraham et d'Agar dans la Genèse, au chapitre 16). Élisabeth était celle choisie par Dieu. « T'enfantera » était une promesse qui ne laissait pas de place au doute. Et ce n'était pas une possibilité ; cela *allait* se produire. Toute conception confine au miraculeux — celle-là bien plus que la plupart. Élisabeth stérile ? Plus maintenant.

« Un garçon » (ERV) était toujours le bienvenu dans l'Israël antique, où les fils étaient « telles des flèches aux mains d'un guerrier[23] ». « Tu devras l'appeler Jean » (AMP) assurait ce futur père effrayé qu'il aurait l'honneur de donner à son fils le nom qui signifiait « Dieu est gracieux[24] ».

Tandis que Zacharie se réjouissait encore à la pensée qu'il aurait un héritier, l'ange lui fit d'autres révélations au sujet de cet extraordinaire enfant à naître. C'était une liste impressionnante, une véritable consécration au palmarès, énumérée dans l'Évangile selon saint Luc 1,14-17 :

Tu en auras joie et allégresse,
et beaucoup se réjouiront de sa naissance.
Car il sera grand devant le Seigneur ;
il ne boira ni vin ni boisson fermentée
et il sera rempli d'Esprit Saint dès le sein de sa
   mère.
Il ramènera beaucoup de fils d'Israël au Seigneur,
   leur Dieu ;
et il marchera par-devant sous le regard de Dieu,
avec l'esprit et la puissance d'Élie,
pour ramener le cœur des pères vers leurs
   enfants
et conduire les rebelles à penser comme des
   justes,
afin de former pour le Seigneur un peuple
   préparé.

C'est ce dernier élément de la liste qui nous a fait le mieux connaître Jean, qui se fera appeler plus tard Jean le Baptiste : «Une voix crie dans le désert : "Préparez le chemin du Seigneur, rendez droits ses sentiers[25]." » Imaginez que vous entendiez pareille litanie de louanges au sujet de votre fils avant même qu'il soit conçu ! C'est tout ce qu'un parent pieux peut souhaiter.

Notre futur père aurait dû être fou de joie et reconnaissant. Il se montra plutôt sceptique. Zacharie croyait en Dieu, mais il n'était pas certain que le Seigneur puisse surmonter un obstacle comme l'infertilité d'Élisabeth. Non, l'homme voulait une preuve.

« Zacharie dit à l'ange : "À quoi le saurai-je ?" »
Luc 1,18

Vraiment ? L'apparition d'un ange n'était-elle pas suffisante ? Ce doyen parmi les prêtres aurait dû savoir que Dieu était digne de confiance. Il demanda plutôt : « Par quel signe serai-je assuré de cela ? » (KNOX).

Il est facile pour moi de pointer cet homme du doigt — et difficile d'admettre que j'ai fait maintes fois la même chose. *Montrez-moi, mon Dieu. Convainquez-moi.* Derrière mes bravades se dissimule une enfant effrayée. *Est-ce vraiment cela que vous voulez dire, Père ? M'aimez-vous vraiment tant que cela ?*

> *Je comprends le doute de Zacharie. Je crains d'empêcher Dieu de m'aider à vaincre mes propres incertitudes et mes propres peurs.*
>
> — STACY

Comme Zacharie, nous oublions parfois à qui nous parlons. Les promesses de Dieu semblent « trop belles pour être vraies — trop difficiles à croire[26] ! » Pourtant, « croire » est le sens de Noël. Croire que Jésus est le Fils de Dieu. Croire qu'il est né d'une vierge. Croire qu'il est venu sur terre pour nous délivrer de nos doutes et nous sauver de nos péchés.

Zacharie, toutefois, était doté d'un esprit pratique. Après avoir demandé à l'ange : « Vous attendez-vous à ce que je croie cela ? » (MSG), il justifia la tiédeur de sa foi par un fait.

« Car je suis un vieillard… » *Luc 1,18*

Du point de vue de Zacharie, engendrer un enfant à son âge était une chose impossible. Il était aussi inquiet au sujet de sa « vieille femme » (MSG).

« … et ma femme est avancée en âge. » *Luc 1,18*

Les érudits croient qu'Élisabeth était en ménopause, ayant peut-être quarante ans[27]. Peu importe le nombre de ses années, elle n'était plus, suivant l'opinion de son mari, « en âge de porter des enfants » (GOD'S WORD). Mais elle n'était pas au-delà de la portée de Dieu, le Créateur de toutes choses, l'Auteur de sa vie. Son propre Fils dirait un jour : « À Dieu tout est possible[28]. » Pourquoi l'âge d'une personne importerait-il pour notre Dieu éternel ?

Dieu n'avait pas oublié Élisabeth, et il n'avait pas tardé à exaucer sa prière sans un bon motif. Il l'avait choisie — une femme mûre dont l'utérus n'avait jamais fait ses preuves — afin de démontrer sa puissance, son pouvoir, son autorité. Il la bénissait pour récompenser sa foi.

La vérité, c'est que le pouvoir de Dieu se révèle pleinement quand nos forces nous ont complètement abandonnés. Car sa puissance donne toute sa mesure dans la faiblesse[29]. C'est un refuge pour l'opprimé ; une citadelle pour les temps de détresse[30]. Il est Dieu, et croyez-moi, il l'est vraiment !

Un vieil homme rempli de doutes et de peurs était sur le point de découvrir la puissance du Dieu qu'il servait. Et sa femme, Élisabeth, priant avec ses sœurs spirituelles, découvrirait bientôt qu'en dépit de son âge, elle était encore précieuse aux yeux du Seigneur.

Comme vous êtes, vous aussi, bien-aimés. Absolument.

Deux

Que toute chair mortelle fasse silence,
Et reste immobile, craintive et tremblante ;
Ne pensant à rien de terrestre,
Car avec une bénédiction dans sa main,
Le Christ notre Dieu est descendu sur terre
Pour recevoir notre hommage entier.

— Traduit en anglais par Gerard Moultrie,
Let All Mortal Flesh Keep Silence, 1864

Que toute chair mortelle fasse silence

C hut ! J'ai entendu ce rappel pendant toute mon enfance, et pour cause. Ou bien je parlais trop fort ou bien je parlais trop. Même si la remontrance était faite délicatement, je me rebiffais devant le mutisme qu'on m'imposait. Ce n'est qu'en mûrissant que j'ai finalement compris la valeur du silence.

Parfois, notre silence naît du respect. D'autres fois, de la peur. Pour Zacharie, le silence deviendrait une sainte nécessité. Tandis qu'Élisabeth attendait et priait dans la cour des femmes, son mari faisait l'expérience de la toute-puissance de Dieu d'une manière directe et personnelle, alors qu'il était debout devant l'autel de l'encens.

«L'ange lui répondit : "Je suis Gabriel..."» *Luc 1,19*

Pourquoi avoir attendu ce moment ? Parce que Gabriel veut dire «force de Dieu[1]». Il était temps pour Zacharie de cesser de penser en termes humains et d'embrasser les choses dans une perspective plus vaste.

«... qui me tiens devant Dieu.» *Luc 1,19*

Zacharie devait trembler dans ses sandales. Gabriel est «la sentinelle de Dieu» (MSG), «le messager qui habite la présence de Dieu» (VOICE). Il est avec Dieu. *Avec Dieu.* Dans le sanctuaire. *Avec Zacharie.* Je ressens soudain le désir de retirer mes chaussures, d'incliner la tête et de tomber à genoux. *Saint. Saint. Saint.*

«J'ai été envoyé pour te parler et pour t'annoncer cette bonne nouvelle.» *Luc 1,19*

L'ange est venu pour «évangéliser» (WYC) Zacharie, le terme usuel pour «prêcher l'évangile[2]». Nous n'avons pas de témoignages d'autres personnes avec qui l'ange aurait parlé pendant cette visite. Seul celui de Zacharie, dont le nom signifie «Dieu se souvient». La présence du Tout-Puissant était la preuve que Dieu, en effet, se souvenait. Hélas, Zacharie avait déjà exprimé ses doutes. Il semble que Gabriel en avait déjà assez entendu de ce prêtre.

«Eh bien, tu vas être réduit au silence et tu ne pourras plus parler...» *Luc 1,20*

Des mots forts, dits avec autorité. «Maintenant, écoute!» (HCSB). Comment le pauvre Zacharie aurait-il pu faire autrement? Quand il ouvrit la bouche, aucun son n'en sortit. Comme Gabriel l'avait annoncé, Zacharie «n'avait plus le pouvoir de la parole» (KNOX).

Plusieurs spécialistes croient qu'il avait aussi perdu la faculté d'entendre[3], en partie parce que le mot grec *kophos* signifie aussi «sourd[4]». Et plus tard, ses voisins «feraient des signes[5]» à Zacharie, suggérant qu'il ne pouvait entendre leurs voix. Quand Gabriel lui dit : «Tu vivras dans le silence» (PHILLIPS), il était sérieux.

«... jusqu'au jour où cela se réalisera...» *Luc 1,20*

Oh! Oh! Jusqu'au jour où *quoi* se réalisera? Qu'est-ce qui «surviendra en son temps» (ASV)? Si dévot que fût Zacharie, il avait douté de ce saint messager et n'avait fait confiance qu'à sa propre opinion. *Je suis vieux. Ma femme est vieille. Un enfant est impossible.* Est-ce que Dieu honorerait sa promesse et donnerait malgré tout un fils à Zacharie?

«... parce que tu n'as pas cru à mes paroles...» *Luc 1,20*

Quand Gabriel souligna le péché de Zacharie, le vieux prêtre craignit sûrement que tout fût perdu. Pourtant, du même souffle, l'ange annonçait la meilleure nouvelle que Zacharie pût souhaiter. Ces paroles, cette promesse du ciel au sujet de son fils, seraient malgré tout honorées.

«... qui s'accompliront en leur temps.» *Luc 1,20*

Que Dieu soit loué! En dépit des doutes de Zacharie, de ses craintes, de son incrédulité, il tiendrait un fils dans ses bras. Gabriel ne lui dit quand cela arriverait, mais il n'avait pas besoin de le faire. La foi de Zacharie avait été restaurée. Il savait que cela arriverait «au bon moment — au moment *divin*» (MSG).

La perte de la parole n'était pas une punition; c'était la preuve que Zacharie avait demandée, l'assurance de la puissance de Dieu. *S'il peut m'enlever la voix, ne peut-il pas aussi me donner un fils?*

Maintes fois, j'ai perçu des circonstances désagréables comme autant de punitions divines. Mais c'était peut-être Dieu qui me rappelait qu'il m'accompagnait et qu'il travaillait à la réalisation de son plan pour ma vie.

— TINA

Le silence de Zacharie aurait pu servir un autre but. Le monde n'était peut-être pas encore prêt à apprendre que son fils allait naître au monde. Et Élisabeth, plus que toute autre, méritait d'entendre la bonne nouvelle la première.

Sa mission angélique accomplie, Gabriel disparut comme il était venu, laissant Zacharie devant un dilemme. Il *devait* parler. La foule des fidèles n'attendait-elle pas de lui qu'il les bénît[6]?

«Le peuple attendait Zacharie et s'étonnait qu'il s'attardât dans le sanctuaire.» *Luc 1,21*

L'offrande de l'encens était une brève cérémonie, alors la foule était «perplexe devant ce retard» (OJB). La foule avait-elle cessé de prier et commencé à murmurer? Nous pouvons être sûrs que les yeux d'Élisabeth étaient tournés vers l'entrée du sanctuaire, l'observant dans l'attente que son mari en sorte pour proclamer la bénédiction d'Aaron : «Que le Seigneur te bénisse et te garde! Que le Seigneur fasse rayonner sur toi son visage et t'accorde sa grâce! Que le Seigneur porte sur toi son regard et te donne la paix[7]!» Mais Zacharie ne donna pas à l'assemblée la bénédiction attendue. Il lui offrit son silence.

«Quand il sortit, il ne pouvait leur parler...»
Luc 1,22

Nous savons pourquoi. Il était *illem*, le terme hébreu pour «muet». Par habitude, il remua les lèvres, mais aucun son n'en sortit. Il se mit plutôt à faire de grands gestes, essayant de s'expliquer.

«... et ils comprirent qu'il avait eu une vision dans le sanctuaire; il leur faisait des signes et demeurait muet.» *Luc 1,22*

Ce qui était arrivé précisément à Zacharie dans le sanctuaire n'était pas clair pour eux, mais le peuple savait «qu'il avait vu quelque chose de spécial venant de Dieu» (NLV) alors qu'il «leur faisait des signes avec ses mains» (GNT). Rien de déterminé, pas un vrai langage par signes. Je suppose que c'était plus près des gestes exagérés que nous employons quand nous jouons à la charade en action ou essayons de nous faire comprendre dans un pays étranger.

Au cours d'un voyage en famille, nous sommes entrés dans un petit bureau de poste à Toulouse. Ne connaissant pas le mot français pour «timbre-poste», j'ai formé un carré avec mes doigts, puis j'ai fait semblant d'apposer ce timbre imaginaire au coin de mes cartes postales. J'ai ensuite joint mes mains pour figurer des ailes qui battaient, en pointant vers la porte. Par avion, vous comprenez?

Toute ma famille s'est esclaffée. Les employés du bureau de poste doivent encore se tordre de rire.

Et cela nous ramène à Zacharie. Quelle pantomime a-t-il exécutée? La vision d'un être angélique? Un bébé dans ses bras? Les qualités remarquables de son futur fils? Peu importe ce que Zacharie montra à la foule, elle était persuadée qu'il avait eu une vision et qu'il en était resté muet. Pas question pour Zacharie de se faire porter malade, toutefois. Il avait encore son office à remplir, bien qu'il n'eût plus de voix et fût devenu sourd[8].

Toute cette semaine-là, Zacharie demeura vraisemblablement dans le temple, dans un logement spécial mis à la disposition des prêtres. Élisabeth s'y est peut-être rendue chaque matin et chaque soir pour prier, avant d'aller ensuite chez des amis ou des parents à Jérusalem, où elle séjournait. Elle et son mari avaient-ils eu un moment d'intimité? Zacharie devait avoir hâte de lui rapporter l'annonce de l'ange, que ce soit en traçant des lettres dans le sable ou en griffonnant la nouvelle sur une tablette de cire. Et Élisabeth devait difficilement contenir son impatience d'apprendre ce qui était arrivé au temple.

Un *ange*? Un *bébé*? Comment était-ce possible?

Difficile de dire qui était le plus frustré, du mari ou de l'épouse, tandis qu'ils essayaient de communiquer, Zacharie ne pouvant ni parler ni entendre. Nous pouvons imaginer Élisabeth gesticulant tout près de Zacharie, alternant sourires et froncements de sourcils, alors qu'elle saisissait au vol une bribe d'information, avant d'être plongée dans la perplexité par la suivante. Ceci au moins a pu être transmis facilement : *Tu auras un enfant, Élisabeth. Nous allons avoir un fils!*

«Quand prit fin son temps de service, il repartit chez lui.» *Luc 1,23*

Finalement, ils furent seuls et sous leur propre toit. Élisabeth put faire son devoir d'épouse, priant pour qu'un enfant soit conçu, tout comme l'ange l'avait annoncé.

J'oublie parfois le rôle important qu'Élisabeth a joué dans l'histoire de Noël. Elle nous rappelle que le calendrier de Dieu est toujours le meilleur.

— KIRRA

Nous n'avons aucun témoignage écrit de ses doutes, quoique quelques détails pratiques dussent être considérés. Ses règles avaient-elles cessé quelque temps auparavant? Ou Élisabeth suivait-elle encore son calendrier mensuel avec soin, ne voulant pas rater ce que les sages-femmes locales appelaient « le moment propice » ?

Elle n'avait jamais été fertile auparavant. L'était-elle maintenant ?

Dans les jours et les semaines qui suivirent, Élisabeth fit sans doute les cent pas dans sa maison, priant à voix haute, implorant Dieu de bénir son ventre. Elle évitait sans doute les légumes verts, le sel et les gras, puisque les femmes savaient depuis le premier siècle que ces nourritures pouvaient incommoder un enfant à naître[9].

Osa-t-elle rêver à la main minuscule qui agripperait son index ? Au sourire édenté illuminant son visage de chérubin ? À son cri plaintif dans la nuit, de la musique pour les seules oreilles de sa mère ?

Si Zacharie avait raison. *Si* Dieu était miséricordieux.

« Après quoi Élisabeth, sa femme, devint enceinte… » *Luc 1,24*

J'aime la façon dont la Bible présente le miracle d'une manière si simple et naturelle. *Puis c'est arrivé. Comme Dieu l'avait dit.* Ce que nous appelons « miracle », Dieu l'appelle « routine ». « Peu de temps s'écoula » (MSG) avant « qu'Élisabeth ne soit enceinte » (ESV) et « attende un bébé » (CEV).

Tout est si simple quand on est Dieu !

Si j'avais été Élisabeth, je me serais précipitée d'une maison à l'autre pour annoncer l'heureuse nouvelle à mes amies. Mais elle fit tout juste le contraire. Élisabeth demeura hors de vue, et « le miracle demeura un secret[10] ».

« … et cinq mois durant elle s'en cacha. » *Luc 1,24*

C'est exact. Pendant les vingt-deux premières semaines de sa grossesse, « Élisabeth n'a pas quitté sa maison » (CEV), « ne s'est pas montrée en public » (GOD'S WORD). Quelle était cette peur qui l'incitait à rester cachée ? Attendait-elle d'autres preuves ? Certaines femmes qui souhaitent à tout prix être enceintes se convainquent parfois qu'elles sont nauséeuses le matin, que leurs seins sont plus sensibles ou qu'elles n'ont plus d'énergie.

Aucun spécialiste de la Bible n'a jamais pu expliquer avec certitude pourquoi Élisabeth « s'était cachée » (DRA), mais plusieurs ont risqué une hypothèse. Peut-être voulait-elle éviter les regards de « voisins trop curieux[11] ». Ma mère fut enceinte de moi à quarante-trois ans, ce qui était un âge très avancé à cette époque. Elle m'a confié qu'elle avait été embarrassée pendant toute sa grossesse et évitait d'aller où que ce soit. Sauf au club de bridge, bien sûr.

Élisabeth voulait peut-être attendre « qu'elle soit enceinte de manière flagrante de sorte que personne ne puisse l'accuser de mentir[12] ». Peut-être a-t-elle chéri ce temps avec Dieu ou voulu s'occuper de son mari sourd et muet. Peu importe que sa condition n'ait été que temporaire, Zacharie a dû souffrir de son handicap.

Le bon côté de la chose, c'est qu'Élisabeth ayant été séquestrée dans sa maison, « personne ne pouvait l'accuser d'inconduite sexuelle[13] ». Le garçon serait assurément celui de Zacharie, le prêtre. Élisabeth voulait peut-être savourer la bonne nouvelle jusqu'à ce qu'il fût temps d'en faire l'annonce avec éclat. « Il valait mieux jouir en privé de son précieux secret que de tenter des explications que personne n'aurait acceptées[14]. »

> *En dépit des doutes qu'elle avait pu avoir au cours des ans, Élisabeth se donna entièrement, et Dieu la bénit au-delà de toutes ses espérances.*
>
> — LIZ

Peut-être voulait-elle simplement éviter les conseils non sollicités que parents et amis aiment bien offrir. Les théories abondent, mais seule Élisabeth pourrait nous dire la vérité. Exilée par choix avec un mari qui ne pouvait ni parler ni entendre, elle se tourna vers Celui qui l'écoutait volontiers tandis qu'elle épanchait ses peurs, ses joies et ses inquiétudes. « Des années de souffrance l'avaient amenée très près du cœur de Dieu[15]. »

Mais pourquoi ce laps de temps précis ? Pourquoi pas six mois ? Cinq mois.

Voici ma tentative d'explication.

Les femmes qui sont mères pour la première fois ressentent les premiers mouvements du fœtus — et avec eux, la certitude de la vie — entre la dix-huitième et la vingtième semaine de la grossesse[16]. Dans ce contexte, ces frémissements du bébé signifient la vie, sa preuve irréfutable. Je me souviens exactement de l'endroit où j'étais et du moment quand j'ai ressenti la première infime secousse. Malgré la présence de tous les autres symptômes, cela rendait la chose *réelle*.

Élisabeth voulait peut-être attendre cette assurance irréfutable.

Le second indice que surveille la future mère est l'expansion de son tour de taille. Chaque femme est différente, mais à la fin du cinquième mois, la présence du bébé dans son sein devait être visible. Existait-il une mode pour les femmes enceintes, il y a deux mille ans? Les femmes nouaient peut-être simplement leur tunique un peu plus haut à la taille.

Nous savons ceci toutefois : quand la période de réclusion qu'Élisabeth s'était imposée prit fin, elle parla avec courage et gratitude.

«Voilà ce qu'a fait pour moi le Seigneur...»
Luc 1,25

Nous pouvons l'imaginer franchissant le seuil de sa porte dans la brillante lumière du jour, ne dissimulant rien. «C'est l'œuvre de Dieu» (CEB), dit-elle à ses voisins. Zacharie avait accompli son devoir d'époux envers elle comme il l'avait toujours fait depuis leur mariage. Mais Élisabeth connaissait la source véritable du bébé en elle. «Mais oui! Des fils sont la part que donne le Seigneur[17].»

Il semble que toutes mes amies et les femmes de ma famille soient mères. Je dois faire des efforts pour continuer de trouver l'espoir en Dieu seulement. L'histoire d'Élisabeth est si réconfortante.

— NICOLE

Élisabeth ne pouvait s'enorgueillir d'être devenue fertile, pas plus que Zacharie ne pouvait se targuer de sa virilité. Comme en toutes choses, Dieu seul mérite la gloire. Nous pouvons entendre la fébrilité dans la voix d'Élisabeth. Elle n'était plus stérile. Bien que son mari fût silencieux, Dieu avait parlé.

« … au temps… » *Luc 1,25*

Il avait fallu des mois, mais nous savons ce qu'elle voulait dire : «Depuis que vous m'avez vue la dernière fois…», «Pendant que j'étais loin de vous…». Élisabeth décrivit la période où Dieu «venait la voir au moment de son choix» (KNOX) d'une manière très personnelle. Seule une femme jouissant d'une relation profonde et sincère avec Dieu pouvait faire une telle affirmation : *J'ai été avec Dieu tous ces mois. Et il était avec moi.*

« … où il a jeté les yeux sur moi… » *Luc 1,25*

Quand nous avons d'abord fait connaissance avec Élisabeth, nous avons appris qu'elle était «vertueuse[18]», ce qui veut dire que Dieu lui avait déjà accordé sa faveur. Mais maintenant, sa grâce était visible. Indéniable. «Il a décidé de m'aider» (ERV), expliqua Élisabeth. «Comme Dieu est bon!» (NLT). Si bon qu'il avait tout changé : son corps, le sens de sa vie, son avenir et sa réputation.

« … pour mettre fin à ce qui faisait ma honte devant les hommes! » *Luc 1,25*

«J'ai souffert» (PHILLIPS), admit-elle, mais son «opprobre public» (CJB) était enfin terminé. «Maintenant, les gens cesseront de penser qu'il y a quelque chose de mauvais en moi» (ERV). Nous savons qu'il n'y avait jamais rien eu de mal chez Élisabeth. Elle avait fait une place dans son cœur, dans son corps et dans son âme pour un miracle. Et Dieu avait la situation bien en main.

Dans mon cœur, lui ai-je toujours réservé une place?
Ai-je toujours mis de côté mes occupations, mes craintes, mes inquiétudes, mes désirs pour lui faire une place? Avec moi? En moi?

— SUSAN

Toutes les années où elle s'était sentie inférieure, Élisabeth avait adoré un Dieu supérieur. Maintenant, elle avait l'intention de lui rendre pleinement gloire.

Quel est le contraire de la disgrâce? Ah, la grâce. Dieu a versé sur elle sa faveur, son pardon et sa bonté aimante. Puis il l'a comblée d'un fils conçu avec la semence de Zacharie. Et il ne s'est pas arrêté là. Quand nous rencontrerons Élisabeth de nouveau, elle sera remplie de joie, de louanges et d'un présent qui ne pouvait venir que de Dieu, «qui peut, par sa puissance qui agit en nous, faire au-delà, infiniment au-delà de tout ce que nous pouvons demander et imaginer[19]».

Sa puissance qui agit en nous? Renversant, n'est-ce pas?

Trois

C'était Ésaïe qui l'avait prédit,
La Rose que j'avais en tête ;
En Marie, nous l'admirons.
La douce mère vierge.
Afin de bien montrer l'amour de Dieu,
Elle nous a apporté un Sauveur,
Quand la moitié de la nuit était écoulée.

— Traduit en anglais par Theodore Baker,
Lo, How a Rose E'er Blooming, 1894

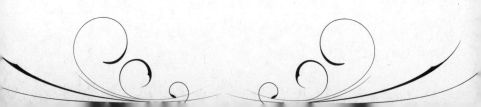

La douce mère vierge

Son nom est synonyme d'innocence, de pureté, de dévotion. Et son destin ne ressemble à celui d'aucune autre femme avant ou après elle : elle a donné naissance au Sauveur du monde.

Déjà je prends du recul, afin de mettre un peu de distance entre moi et cette prodigieuse jeune fille. Jeune. Chaste. Soumise. Je ne suis rien de tout cela.

Tu l'étais autrefois, me rappelle le Seigneur délicatement. *Tu avais douze ans et tu chantais* L'étoile du matin *du haut du chœur au temps de Noël. Te souviens-tu de cette douce enfant ? Car moi, je me rappelle.*

Je ferme vite les yeux, sentant le picotement des larmes. C'était il y a si longtemps. Oui, mais, je me souviens de ces jours innocents. Vous aussi, peut-être. Nos cœurs n'avaient pas été mis à l'épreuve, nos corps étaient intacts. Nous nous tenions sur la pointe des pieds, les yeux tournés vers l'avenir, nous demandant à quoi cela ressemble de tomber amoureux, de se marier, de s'abandonner à l'étreinte d'un mari.

C'est là que nous trouvons Marie.

« Le sixième mois… » *Luc 1,26*

Ce n'était pas le sixième mois de l'année ; c'était « six mois après qu'Élisabeth eut appris qu'elle deviendrait mère » (NLV). Imaginez Dieu se servant du tour de taille d'une femme enceinte pour mesurer le temps ! Ne doutez jamais un seul instant que la femme est importante aux yeux du Tout-Puissant.

Élisabeth venait seulement de sortir de sa réclusion. « Un mois après » (CEV), sa jeune parente Marie était sur le point de recevoir sa propre visite angélique.

« … l'ange Gabriel fut envoyé par Dieu dans une petite ville de Galilée, du nom de Nazareth… »
Luc 1,26

Nous avons rencontré Gabriel la dernière fois quand il est apparu au mari d'Élisabeth, Zacharie. À présent, le messager de Dieu se rendait à Nazareth, un petit village dans une vallée étroite et retirée, loin des routes commerciales[1].

Au temps de Marie, à peine une centaine de personnes appelaient Nazareth leur foyer. C'étaient des gens qui travaillaient fort pour gagner leur vie. Des travailleurs agricoles, des bergers, des marchands, des fermiers[2]. Certains vivaient dans des maisons[3] de calcaire et d'argile pourvues de toits plats, avec une cour intérieure et de petites fenêtres carrées percées très haut au-dessus de la rue poussiéreuse. Les familles les plus pauvres s'entassaient dans des cavernes.

Pas étonnant que lorsqu'il rencontra Jésus pour la première fois, Nathanaël s'en soit moqué : «De Nazareth, peut-il sortir quelque chose de bon[4]?» Pourtant, Dieu avait décrété que cet insignifiant petit village était digne de son attention. Il y envoya Gabriel, apportant une bonne nouvelle à une jeune fille à l'aube de sa féminité.

«... à une jeune fille...» *Luc 1,27*

Elle était «une jeune fille» (WYC), c'est-à-dire «une femme qui n'avait jamais connu un homme» (NLV). Malgré tout, un futur époux attendait Marie dans les coulisses.

«... accordée en mariage à un homme du nom de Joseph...» *Luc 1,27*

Ne laissez pas des mots tels que «accordée» (CEV), «fiancée» (ASV) ou «promise» (GNT) vous leurrer. Marie et Joseph étaient à toutes fins utiles mari et femme. Il existait un serment écrit et officiel, fait devant leurs voisins à l'occasion d'une cérémonie solennelle sur la place du marché[5]. Selon la tradition, Joseph aurait offert un présent à Marie et dit : «Par ceci, tu es réservée pour moi en accord avec les lois de Moïse et d'Israël[6].»

La seule manière de briser une telle promesse était par un divorce officiel, et ils étaient peu fréquents. Toutefois, si l'un des promis était convaincu d'infidélité..., eh bien, j'imagine que nous reviendrons sur ce point plus tard dans notre récit.

> *Comme il est remarquable de trouver dans la Bible l'histoire de personnes qui vivent des problèmes en tous points semblables aux nôtres, et il est merveilleux de voir que Dieu va vers eux malgré leur situation difficile.*
>
> — ELIZABETH

Marie était très jeune — entre douze ans et douze ans et demi, peut-être même plus jeune encore[7]. Les jeunes filles se fiançaient dès qu'elles étaient en âge d'avoir des enfants, tant pour protéger leur innocence que pour leur accorder plusieurs années de maternité en pleine santé. «Des enfants faisant des bébés», dirions-nous aujourd'hui. Mais il y a deux mille ans, c'était ainsi que les choses se passaient.

Les jeunes hommes attendaient pour se marier d'être capables de pourvoir aux besoins d'une épouse. Ils avaient donc généralement plusieurs années de plus que leur fiancée et devaient être bien établis dans leur métier[8]. Un charpentier comme Joseph occupait ses jours à faire des portes et des volets, des roues de charrettes et des charrues pour ses voisins[9], tout en construisant une maison pour Marie pendant qu'elle préparait ses vêtements de mariage[10].

Ils ne vivaient pas encore sous le même toit — une année entière s'écoulait parfois entre les fiançailles et le mariage[11]. Afin de protéger sa réputation et celle de Joseph, Marie devait éviter toutes les réunions sociales et se comporter en chaste et sage fiancée[12].

Alors pourquoi Dieu n'a-t-il pas choisi une jeune fille qui n'était pas fiancée, épargnant ainsi à Marie et à

Joseph toutes les angoisses qui ont sûrement suivi quand elle s'est trouvée enceinte? Parce que le Fils de Dieu avait besoin d'un père terrestre. Et Joseph était l'homme tout désigné pour ce rôle, étant donné son cœur loyal et son sang royal.

« ... de la famille de David. » *Luc 1,27*

L'Évangile selon saint Matthieu nous le présente ainsi : « Livre des origines de Jésus-Christ, fils de David, fils d'Abraham[13]. » En maître jardinier, Dieu avait taillé et arrosé l'arbre de la famille de son Fils depuis le début des temps, comptant les jours, les semaines, les mois, les années, les siècles et les millénaires, jusqu'à ce que le moment fût venu d'envoyer Gabriel remplir sa mission.

« Cette jeune fille s'appelait Marie. » *Luc 1,27*

Un autre rappel de son innocence. L'une des significations de son nom est « amer », peut-être un indice de ses peines à venir. Être aimée de Dieu ne lui épargnerait pas les déchirements ni les tragédies de l'existence. Pourtant, dans la Bible, nous ne voyons jamais d'amertume, ni dans ses paroles ni dans ses actes. Impressionnant, n'est-ce pas?

Elle n'était « sans doute pas éduquée et venait probablement d'une famille pauvre[14] ». Comme l'enfant qu'elle portait, qui était « sans beauté et sans éclat pour attirer nos regards, et sans apparence qui nous eût séduits[15] », Marie, je le suppose, devait être d'allure plutôt banale.

Certainement dans ses vêtements et dans son langage, peut-être aussi dans sa figure et sa silhouette, elle n'était en rien remarquable. Dieu n'a pas choisi Marie parce qu'elle était unique. Mais elle a été unique parce que Dieu l'a choisie. Il connaissait son cœur tendre, sa nature confiante, sa foi constante, son humilité. Celui qui avait formé Marie dans le ventre de sa mère concevrait bientôt son Fils dans le sein de Marie.

Encore une fois, Dieu souleva le rideau invisible entre le ciel et la terre et délégua Gabriel afin d'annoncer la bonne nouvelle.

« L'ange entra auprès d'elle et lui dit… » *Luc 1,28*

On ne nous dit pas ce que Marie faisait à ce moment-là, même si je suis assez certaine qu'elle ne scrutait pas le ciel de Nazareth, guettant l'arrivée d'un visiteur des cieux. Gabriel lui est simplement « apparu » (NLT) — sans être annoncé ni attendu, du point de vue de Marie — pendant qu'elle pressait des olives, cuisait du pain ou taillait la mèche de sa lampe.

De la même manière, tandis que nous vaquons à nos tâches quotidiennes, le plan de Dieu se réalise. À n'importe quel moment, nos vies peuvent changer du tout au tout. Aucune surprise pour Dieu, pourtant un choc énorme pour nous. C'est ce que nous trouvons en train de se produire ici.

Et remarquez ceci : l'ange est apparu à Marie d'abord, pas à son futur époux, Joseph. « Elle n'avait ni rang ni honneur hormis le sien[16] », pourtant Gabriel vint à Marie — une autre preuve de la haute estime dans laquelle Dieu tient les femmes.

« Sois joyeuse… » *Luc 1,28*

Nous sourions à l'image de Gabriel disant : « Salutations, femme de la terre ! » « Réjouis-toi » (CEB) était une salutation courante en ce temps-là, bien que « Salut, Marie » eût peut-être été plus approprié pour un messager céleste. D'emblée, il était clair que Gabriel était porteur de bonnes nouvelles : « La paix soit avec toi ! » (GNT).

Bien que vous puissiez vous imaginer une immense créature ailée, Gabriel avait sous doute l'aspect d'un homme ordinaire[17]. On ne le décrit pas comme étant gigantesque, brillant ou lumineux. Et Marie ne fut pas particulièrement effrayée par son apparence. Les mots de Gabriel, toutefois, la firent sursauter.

« … toi qui as la faveur de Dieu… » *Luc 1,28*

« *Shalom*, la grâce est sur toi ! » (CJB). Une telle affirmation attirerait l'attention de toute jeune fille, assurément. En latin, ce passage magnifique se lit *gratia plena*, ce qui veut dire « celle qui est pleine de grâce[18] ». Il n'apparaît pas de point d'exclamation dans la version grecque originale, mais celui-ci capte bien l'énergie et la fébrilité du moment. « Tu es bénie ! » (CEV).

Dieu a un plan pour moi et pour vous, comme il en avait un pour Marie. D'une certaine manière, nous sommes tous comblés de sa faveur.

— Cathy

45

Marie était pleine de la grâce de Dieu simplement parce que Dieu avait choisi de la bénir. Nous n'avons pas de témoignages la décrivant comme étant sainte, pieuse ou méritante. Elle était vierge, certes, mais pas parfaite ni sans péchés. Pour que Jésus fût pleinement le Fils de l'homme, sa mère devait être pleinement humaine.

Ce qui rendait Marie digne de sa vocation n'était pas sa vertu, c'était celle de Dieu. C'est pourquoi son histoire donne à toute femme une généreuse mesure d'espoir. Dieu nous prend telles que nous sommes et nous utilise à son gré, pour notre bien et pour sa gloire. Voilà pourquoi elle était «imbue de grâce!» (AMP).

Maintenant, voyez ce qui suit :

«… le Seigneur est avec toi.» *Luc 1,28*

Ce n'était pas une bénédiction, comme celles que l'on voit souvent dans les Écritures : «Que le Seigneur agisse envers vous avec fidélité[19]» et «Que le Seigneur, ton Dieu, soit avec toi[20]». C'était l'énoncé d'un fait. Non pas que Dieu sera, ou sera peut-être, ou pourrait être avec elle. Gabriel a dit : «*Adonaï* est avec toi!» (CJB).

Est-ce que Marie était consciente de cela? Une lueur frémissante, un frisson dans l'air, le poids de sa gloire reposant sur ses épaules? Rappelez-vous, si Gabriel se tenait devant Dieu[21], elle le faisait aussi.

«À ces mots, elle fut très troublée, et elle se demandait ce que pouvait signifier cette salutation.» *Luc 1,29*

Elle fut «bouleversée» (MSG) et «plongée dans la confu-
sion» (NASB), ce qui, dans la version révisée de Lizzie, se
traduirait par «elle resta bouche bée». Qui pourrait l'en
blâmer? Un être céleste venait d'apparaître et lui avait
annoncé : «Dieu est avec toi!» (CEB).

Sur la lancée de cette nouvelle stupéfiante, Gabriel
lui offrit un mot de réconfort.

> «L'ange lui dit : "Sois sans crainte, Marie…"»
> *Luc 1,30*

Comme il est dans la façon de Dieu de reconnaître nos
peurs et de se hâter de les apaiser. Notez que Gabriel
l'appelait par son nom : «Marie, tu n'as rien à craindre»
(MSG). Dieu connaissait son nom comme il sait le vôtre.
Le pasteur d'une grande église ne connaît peut-être
pas le nom de chaque fidèle assis sur les bancs. Mais
Dieu, si. Chacun d'entre eux.

> «… car tu as trouvé grâce auprès de Dieu.»
> *Luc 1,30*

Un moment auparavant, l'ange avait dit à Marie qu'elle
était «comblée de grâce». Pourquoi lui rappeler que
Dieu l'avait inondée de sa «grâce libre, spontanée et
absolue, et de son amour tendre» (AMP)? Peut-être ne
l'avait-elle pas entendu la première fois. Comme lorsque
mon médecin me donne ses instructions oralement
avant de me les remettre par écrit. Autrement, si je suis
préoccupée ou nerveuse, je pourrais rater quelque chose
d'important.

Les paroles de Gabriel donnent à cette faveur divine l'impression d'être une garantie. Non pas que Dieu répandra sa grâce sur vous si vous êtes bon ou si vous vous en êtes montré digne. La grâce est déjà accordée. «Dieu vous honore» (CEB). «Dieu vous aime tendrement» (PHILLIPS). Sa toute-puissance était au travail, préparant son corps, apaisant son âme.

Puis vint la nouvelle qui changea le monde — et le sien pour commencer. Eugene Peterson l'a formulée ainsi : «Dieu a une surprise pour toi» (MSG).

«Voici que tu vas être enceinte...» *Luc 1,31*

Son cœur a dû sauter un battement. Marie se faisait encore à l'idée de devenir une épouse. Maintenant, il semblait bien que la maternité était une certitude : «Tu seras enceinte» (CJB). Mais quand? Elle n'avait pas encore vécu avec Joseph et ne le ferait pas avant qu'ils soient officiellement mariés.

Tu concevras. Sera-ce l'an prochain, alors? Ou plus tôt?

«... tu enfanteras un fils...» *Luc 1,31*

Pas seulement un enfant, Marie. «Tu deviendras la mère d'un fils» (PHILLIPS). Pendant un court moment, elle a dû penser à Joseph et combien il serait heureux d'avoir un héritier.

«... et tu lui donneras le nom de Jésus.» *Luc 1,31*

Jésus. Nous pouvons presque entendre le hoquet de Marie alors que la signification de son nom se frayait un chemin en elle. «Dieu sauve.» *Cela peut-il être possible?*

«Il sera grand...» *Luc 1,32*

Toute mère pense que le fils ou la fille dans son sein sera un être spécial. Une seule femme dans l'histoire a entendu une description de son fils à naître aussi édifiante que celle qui suit. Des superlatifs tels que «splendeur», «majesté», «honneur» et «gloire» seraient plus tard employés pour le décrire. Du même souffle, Marie apprit pourquoi.

«... et sera appelé Fils du Très-Haut.» *Luc 1,32*

Oh, Marie. *Le Très-Haut?* Qui cela peut-il être, sinon le Tout-Puissant lui-même?

«Le Seigneur lui donnera le trône de David, son père...» *Luc 1,32*

Est-ce que ses genoux se sont mis à trembler tandis que la vérité pénétrait en elle? *Seigneur. Dieu. Roi.* «Pendant des siècles, les femmes juives ont rêvé que l'une d'entre elles pourrait devenir la mère du Messie[22].» Le fait que Marie fût encore debout, respirait encore, écoutait toujours étaient autant de témoignages de son courage.

«... il régnera pour toujours sur la famille de Jacob et son règne n'aura pas de fin.» *Luc 1,33*

Pas seulement une décennie ou deux. Toujours et à jamais, amen, comme le psautier en témoigne : «J'établirai sa dynastie à jamais, et son trône pour la durée des cieux[23].»

La réaction de Marie est l'une de mes favorites des Écritures. Elle est honnête, profonde et humble. Elle n'avait pas un million de questions. Elle n'en avait qu'une seule.

> «Marie dit à l'ange : "Comment cela se fera-t-il,
> puisque je n'ai pas de relations conjugales?"»
> *Luc 1,34*

Non pas «Comment mon fils sera-t-il grand, Fils de Dieu et roi pour toujours?». Non, Marie était de retour à la promesse initiale de l'ange : «Et dans ton sein, tu concevras» (OJB). C'est la troisième allusion à sa virginité dans cette scène, et elle est de Marie, la seule personne qui connaissait la vérité à cet égard. Sa question était légitime : «Comment cela s'accomplira-t-il?» (DRA).

Elle n'était pas comme Zacharie, qui demandait une preuve. Marie ne doutait pas que Dieu puisse accomplir ce miracle. Elle voulait seulement savoir *comment*, «puisque je ne connais pas d'homme?» (ASV). Jeune comme elle était, nous imaginons facilement ses yeux grands ouverts d'étonnement : «Comment cela peut-il se produire? Je ne suis pas mariée!» (CEV).

> «L'ange lui répondit…» *Luc 1,35*

Gabriel n'a pas fait qu'annoncer une nouvelle; il a aussi écouté et répondu. Manifestement, il est normal — plus que normal — de demander à Dieu comment il accomplira quelque chose. Même si sa réponse est «Fais-moi confiance», nous pouvons être sûrs qu'il nous entend.

Mais sa réponse, je l'avoue, me coupe le souffle.

> «L'Esprit Saint viendra sur toi et la puissance du
> Très-Haut te couvrira de son ombre...» *Luc 1,35*

Marie était si jeune, si naïve. Cette description a dû la terrifier.

Des siècles plus tard, les érudits ne sont toujours pas sûrs de ce qu'il faut entendre par la puissance de Dieu «planant sur elle» comme «un nuage lumineux» (AMP). Était-ce similaire à ce moment où «la nuée couvrit la tente de la rencontre, et la gloire du Seigneur emplit la demeure[24]»? Ou encore comme lorsque «les ténèbres couvraient l'abîme et un souffle de Dieu couvrait la surface des eaux[25]»? Une aura de mystère entoure ces mots anciens. Plusieurs traductions disent seulement que l'Esprit Saint «descendra» (CEV) ou «viendra» (GNT), bien que la phrase suivante précise un peu les choses: «L'Esprit Saint viendra de là-haut au-dessus de toi» (WYC).

À la rigueur, peut-être voyons-nous une image s'esquisser comme à travers un verre sombre. Si certains affirment savoir exactement comment Marie a reçu la semence de Dieu, ils comblent les vides d'une énigme trop profonde pour l'entendement humain. Ce qui importe, c'est que Dieu ordonnait ce processus et que son Fils allait naître grâce à celui-ci.

> «... c'est pourquoi celui qui va naître sera saint et sera appelé Fils de Dieu.» *Luc 1,35*

À l'époque et dans le pays de Marie, le premier enfant mâle était offert à Dieu. Son fils serait *de* Dieu. Une version de la Bible nous aide à mieux comprendre sa signification : «... et ainsi l'Être (pur, sans péché) qui naîtra *de toi* sera appelé le Fils de Dieu» (AMP).

Marie a le mérite de ne pas avoir demandé des éclaircissements ni insisté pour avoir des détails. Elle croyait l'ange parce qu'elle croyait en Celui qui l'avait envoyé. Malgré tout, Gabriel l'encouragea un peu plus.

> «Et voici qu'Élisabeth, ta parente, est elle aussi enceinte d'un fils dans sa vieillesse et elle en est à son sixième mois, elle qu'on appelait la stérile...» *Luc 1,36*

La conception d'Élisabeth était remarquable en raison de son âge avancé, mais il est vrai que son époux joua son rôle! Malgré tout, cette nouvelle inattendue au sujet de la parente de Marie a dû la réconforter; si le miracle de la grossesse d'Élisabeth était possible, sa propre conception lui paraîtrait peut-être moins invraisemblable. Cela voulait aussi dire que Marie n'aurait pas à faire face seule à ce voyage de neuf mois. Elle aurait une confidente, une oreille pour l'écouter, une femme d'expérience qui pourrait l'aider.

D'abord, Dieu s'est servi d'Élisabeth, qui était «trop vieille», puis s'est tourné vers Marie, qui serait «trop jeune» selon nos idées modernes. À tout âge, nous pouvons servir le Seigneur.

— SHELLY

Les paroles suivantes de l'ange résonnent à travers les siècles, donnant du courage non seulement à Marie, mais également à tous ceux qui les ont lues ou les ont entendues.

«... car rien n'est impossible à Dieu.» *Luc 1,37*

La voilà, la splendide bannière qui flotte sur toute cette scène. Une vérité qui répond à tout doute, à toute peur, à toute question, à toute inquiétude et «l'une des affirmations les plus rassurantes de toutes les Saintes Écritures[26]». Dans chaque traduction, cette puissante promesse apparaît : «Rien n'est impossible à Dieu!» (CEV). C'est vrai. «Dieu peut tout faire!» (NCV).

Parfois, nous nous murmurons à nous-mêmes : «Je refuse d'y croire. C'est impossible.» Pour nous peut-être, mais pas pour notre Père céleste. Comme un ange l'a déjà dit à portée de voix de Sara, «Y a-t-il une chose trop prodigieuse pour le Seigneur[27]?». La réponse évidente est *non*.

Alors, pourquoi plaçons-nous des barrages sur le chemin de Dieu quand celui-ci est aux commandes d'un véritable char d'assaut? Il peut renverser tous les obstacles, surmonter tous les défis, vaincre toutes les oppositions. Il est la définition même de ce qui est digne de confiance. Et il peut faire n'importe quoi. *N'importe quoi.*

Marie a porté Jésus dans son corps. Grâce au même Saint-Esprit, nous «portons Dieu dans nos cœurs[28]». Rien n'est impossible quand Dieu réside en nous et œuvre à travers nous.

> *Que pourrait faire Dieu dans ma vie si je croyais*
> *qu'il peut réellement et vraiment accomplir*
> *l'impossible ?*
>
> — ELIZABETH

L'ange avait parlé. Maintenant, c'était au tour de Marie. Ferait-elle acte de foi? Pour son salut, pour notre salut?

«Marie dit alors : "Je suis la servante du Seigneur."» *Luc 1,38*

Sois bénie, Marie. Sa première réaction en fut une d'humilité. Marie connaissait sa place mais,. plus encore, elle connaissait celle de Dieu : tout-puissant, voyant tout, omniscient et infiniment aimant.

En raison de qui il est, Marie fut en mesure de s'offrir à lui comme une «esclave» (NASB), une «servante» (KJV), une «femme soumise dont la volonté ne lui appartenait pas[29]». Eugene Peterson décrit le vœu de Marie en termes à notre portée : «Oui, je le vois maintenant : je suis la servante de Dieu, prête à servir» (MSG).

Pensez à cette jeune fille «faisant sien le but de Dieu, en toute conscience et volontairement, d'apporter le salut au monde[30]». Seul Dieu pouvait lui avoir octroyé la foi nécessaire pour faire un tel saut gigantesque. Et c'est ce qu'elle fit.

«Que tout se passe pour moi comme tu me l'as dit!» *Luc 1,38*

Vu son jeune âge, ses paroles ont probablement ressemblé à celles-ci : «Que les choses que vous m'avez dites m'arrivent!» (ERV). Marie n'était pas seulement consentante; elle était aussi enthousiaste. *Oui, oui, oui.*

«Et l'ange la quitta.» *Luc 1,38*

Il avait attendu qu'elle fût prête, jusqu'à ce qu'elle fût en paix. «Marie fut laissée seule pour réfléchir et pour prier, pour vibrer d'une inexprimable joie et louer Dieu avec une profonde humilité[31].»

Les plans que j'avais envisagés pour ma vie ne se sont pas réalisés, et je n'ai aucune idée de ce qui m'attend. L'histoire de Marie m'apporte l'espoir que Dieu est le Dieu de l'impossible. Que — vlan! — tout peut changer pour moi aussi.

— ANN

Marie étant une jeune fille pieuse, elle connaissait sûrement la prophétie d'Ésaïe : «Aussi bien le Seigneur vous donnera-t-il lui-même un signe : Voici que la jeune femme est enceinte et enfante un fils et elle lui donnera le nom d'Emmanuel[32].» A-t-elle commencé à trembler de tout son corps, comprenant qu'Ésaïe parlait d'*elle*? Une pauvre jeune fille d'un village oublié? *Emmanuel. Dieu avec nous. Dieu avec moi!*

Une femme participant à mes études bibliques en ligne a soulevé la question : «Et si Marie avait dit non?» C'est pourquoi Dieu a choisi Marie. Il savait qu'elle dirait oui. Dieu n'avait pas de solution de remplacement. Marie était son unique projet.

Gabriel n'étant plus là pour la réconforter et la rassurer, Marie devait être accablée par le secret qu'elle portait dans son cœur. Comment expliquerait-elle ce qu'elle avait entendu et vu à ses amis, à ses parents? Personne à Nazareth n'avait jamais vu d'ange. Comment pourrait-elle leur faire comprendre? Et si on ne la croyait pas?

Quand nous rencontrerons Marie de nouveau, elle sera enceinte. L'Esprit Saint l'a-t-il survolée dès l'instant où elle a dit oui? Ou ce moment sacré s'est-il produit entre cette scène et la suivante, enveloppé dans un voile de mystère?

Nous savons ceci : le miracle s'est accompli, et l'enfant grandissait dans son sein, tout cela parce qu'une femme ordinaire a accepté le dessein d'un Dieu extraordinaire.

Quatre

Que Dieu soit avec vous, gentilshommes,
Que rien ne vous chagrine;
Rappelez-vous, le Christ, notre Sauveur
Est né le jour de Noël.
Pour nous sauver de la puissance de Satan
Quand nous avons quitté le droit chemin.
Ô nouvelle de réconfort et de joie
Réconfort et joie,
Ô nouvelle de réconfort et de joie.

— CHANT TRADITIONNEL ANGLAIS,
GOD REST YE MERRY, GENTLEMEN, 1760

Ô nouvelle de réconfort et de joie

Quand j'étais enceinte de notre premier enfant, j'avais toujours sur moi un exemplaire généreusement annoté de *What to Expect When You're Expecting* [*À quoi doit-on s'attendre quand on attend un enfant*]. Je comptais sur ses conseils pratiques pour survivre à ces mois tumultueux. Pour le suivant, je me suis tournée vers une grande amie, qui était aussi enceinte de son deuxième enfant. Nous échangions des conseils, discutions longuement des joies et des inconforts de la grossesse, et nous nous soutenions mutuellement à l'approche de nos dates d'accouchement respectives.

Si vous avez besoin d'encouragements ou d'une oreille attentive, il est difficile de trouver mieux qu'une amie qui vit la même chose que vous. Cela nous ramène à Marie et à Élisabeth, qui ne s'attendaient même pas à se trouver enceintes. Il est facile de voir pourquoi la première personne que Marie ait voulu voir fut sa parente, qui partageait la foi de Marie en un Dieu qui produit des miracles.

Si vous avez déjà brûlé d'impatience d'annoncer une chose que Dieu avait faite dans votre vie — la réponse à une prière, une bénédiction longtemps attendue, une surprise —, vous ne vouliez quand même pas tout déballer au premier venu. Comme Marie, vous vouliez l'apprendre à quelqu'un qui vous comprendrait. Une amie qui dirait : «Dieu soit loué!», et non «Chanceuse, va!».

L'amitié d'une femme qui pense comme nous est telle-
ment importante pour notre bien-être spirituel et
émotionnel.

— CHARI

De plus, à qui Marie aurait-elle pu en parler? À ses camarades de douze ans? À ses voisins à Nazareth? «Vous savez quoi? Je viens tout juste de recevoir la visite d'un ange et je vais donner naissance au Fils de l'homme.»

Vous voyez bien, c'était sans espoir. Marie avait besoin d'Élisabeth.

«En ce temps-là, Marie partit en hâte…» *Luc 1,39*

Manifestement, elle était pressée de se mettre en route. «Peu après» (GNT) et «sans s'attarder» (PHILLIPS), Marie n'emporta avec elle que l'essentiel pour voyager : peut-être une mante de lainage pour mettre par-dessus sa tunique de toile, un foulard pour se couvrir la tête, quelques miches de pain rond pour se sustenter pendant le trajet[1].

En raison de son jeune âge, et fiancée qui plus est, elle devait avoir la permission de ses parents pour se rendre aussi loin de la maison. Et une raison très convaincante pour l'obtenir. Elle ne pouvait simplement leur annoncer qu'Élisabeth était enceinte. «Qui t'a dit cela?» aurait été la réplique immédiate. Notre jeune fille ingénieuse dut offrir une explication plausible pour justifier son désir de vouloir se rendre auprès de sa parente, puis trouver une famille digne de confiance pour assurer sa protection pendant qu'elle marchait en sa compagnie.

«... pour se rendre dans le haut pays, dans une ville de Juda.» *Luc 1,39*

Marie a sans doute marché pendant tout le voyage. Les roues d'un chariot avaient peu d'utilité sur ces terrains accidentés et montagneux, et sa famille aurait eu beaucoup de mal à se séparer d'une mule ou d'un âne, à supposer qu'elle en ait eu un. Les chevaux étaient un luxe réservé aux riches, et les chameaux étaient utilisés par les négociants[2], et non par les jeunes femmes éclatantes de santé comme Marie.

La ville où Élisabeth et Zacharie vivaient n'est pas nommée dans les Écritures, mais, selon la tradition, il s'agirait d'un village montagneux à l'ouest de Jérusalem, appelé Ein Kerem, ce qui veut dire «source de la vigne». On dit que Marie aurait bu ses eaux fraîches — d'où le site célèbre connu sous le nom de «Source de Marie».

Vous pouvez être sûrs que notre jeune fille a eu soif, parce que la distance entre le village galiléen de Marie,

Nazareth, et la maison d'Élisabeth, à l'extérieur de la vieille Jérusalem, couvre quelque cent quinze, cent trente ou cent soixante kilomètres, selon le trajet choisi ou l'historien auquel vous le demandez.

Le kilométrage peut varier, mais, peu importe la distance exacte, ce fut un «long voyage pour Marie[3]». Un chœur d'anges invisibles a peut-être veillé sur elle pendant les neuf ou dix jours[4] où elle a marché d'un pas rapide à travers les défilés jonchés de rochers.

Joseph fut laissé derrière, dans l'ignorance. Les couples fiancés n'étaient pas autorisés à se parler sans que quelqu'un fût présent. Mais elle pouvait difficilement parler à Joseph de son visiteur angélique sans échapper aux oreilles des villageois curieux. Pas plus qu'elle ne pouvait demander à un ami du fiancé de lui porter un message, la manière usuelle pour les couples fiancés de s'échanger des nouvelles[6].

De plus graves préoccupations se profilaient à l'horizon. Une femme non mariée qui tombait enceinte pouvait être déshonorée et répudiée, dans le meilleur cas, lapidée dans la pire situation[7]. Pensez qu'une telle menace planait au-dessus de la tête de l'innocente Marie! Et malgré tout, elle se donnait à Dieu, sans aucune réserve.

Y en a-t-il un parmi nous capable d'un tel courage? Pourrions-nous faire preuve d'une telle foi?

Pendant son long périple vers le sud, Marie pensa à une manière d'annoncer la nouvelle à Élisabeth. «Je porte le bébé de Dieu» n'aurait pas été un choix heureux sous le toit du prêtre Zacharie. Pourtant, selon l'ange, sa parente avait également bénéficié de la touche miraculeuse de Dieu sur son ventre : «Personne ne croyait qu'elle pût jamais avoir un bébé, mais dans trois mois, elle aura un fils[8].» Élisabeth comprendrait-elle?

Quand Marie approcha de la porte de sa parente, elle n'aurait pu soupçonner l'accueil qui l'attendait.

> «Elle entra dans la maison de Zacharie et salua Élisabeth.» *Luc 1,40*

Apparemment, Marie avait dû entrer en coup de vent, sans avoir été annoncée par une servante. Des fenêtres et des portes ouvertes étaient coutumières en Judée. Quoique Zacharie fût le propriétaire, Marie salua naturellement la femme de la maison. Si Zacharie était présent, il ne parla pas. Gabriel avait dit au prêtre qu'il serait «réduit au silence[9]», et c'était bien le cas.

Les salutations de Marie durent surprendre Élisabeth. Si Marie avait été riche, un messager rapide aurait été envoyé au-devant. Mais elle était pauvre, fiancée à un charpentier dont «toute la fortune tenait dans son coffre à outils[10]». Son «Bonjour!» inattendu bouleversa manifestement le monde d'Élisabeth.

> «Or, lorsque Élisabeth entendit la salutation de Marie, l'enfant bondit dans son sein…» *Luc 1,41*

Élisabeth était dans son sixième mois, alors elle avait déjà perçu les mouvements de son bébé. Quand une future mère prend un aliment sucré ou boit un liquide froid, l'enfant réagit souvent par un coup de pied rapide. Mais ce garçon ne faisait pas qu'agiter les orteils. Quand

Élisabeth entendit la salutation de Marie, bébé Jean «tressaillit» (ERV), il «remua» (CJB), il «sursauta» (GNV). La vérité avait été dite, «le jeune enfant en son sein se réjouissait» (WYC).

Oh, mon bébé. Toute cette joie souffla sur Élisabeth comme une brise d'été.

«... et Élisabeth fut remplie du Saint-Esprit.»
Luc 1,41

Épatant! Pas seulement remplie, mais «comblée d'Esprit Saint» (WYC). Trois décennies plus tard, le Saint-Esprit descendrait sur des centaines de croyants à la Pentecôte avec «le souffle d'un violent coup de vent» et des «langues de feu[11]». Élisabeth le précédait. Son fils aussi était rempli d'Esprit, comme Gabriel l'avait promis : «Il sera rempli de l'Esprit Saint dès le sein de sa mère[12].»

Pouvez-vous imaginer les émotions et les sensations qui devaient submerger Élisabeth? Une envie de rire et de crier simultanément, le sentiment d'être inondée de lumière et d'air frais, un besoin irrépressible de crier sa joie.

«Elle poussa un grand cri et dit...» *Luc 1,42*

Rien de prémédité ici. Élisabeth «lança» (CEB) simplement ce qu'elle avait sur le cœur. Je me la représente tout près de Marie, lui tenant peut-être même la main. Alors, pourquoi lever la voix «avec un grand cri» (ASV)? Elle ne put s'en empêcher. C'était une exclamation inspirée. C'était le Saint-Esprit à l'œuvre. Les mots vinrent de la bouche d'Élisabeth, mais ils furent formés et inspirés par le Saint-Esprit au travail en elle tandis qu'elle «chantait avec exubérance» (MSG).

«Tu es bénie plus que toutes les femmes...»
Luc 1,42

Marie n'avait rien offert de plus qu'une salutation, pourtant Élisabeth avait proclamé que sa jeune parente était bénie du Seigneur. Seul le Saint-Esprit aurait pu lui révéler une telle chose. Tout comme Gabriel avait dit à Marie qu'elle était comblée de grâce, maintenant Élisabeth déclarait : «Dieu t'a bénie plus que toute autre femme» (NCV).

En ce temps-là, les hommes étaient généralement ceux qui octroyaient les bénédictions. Pourtant, nous avons ici une femme qui en a béni une autre. Fascinant. Du ventre de Marie, Jésus transformait déjà la culture.

«... béni aussi est le fruit de ton sein!» *Luc 1,42*

Attendez un moment. Comment Élisabeth pouvait-elle savoir que Marie était enceinte? L'enfant dans le sein de Marie n'avait pas plus de deux semaines. Pourtant, Élisabeth bénit «le fruit de tes entrailles» (ASV).

Élisabeth préparait la voie avant que Jean ne le fasse!
— CHRISTINA

Ici encore, c'était une révélation du Saint-Esprit. Quand ces mots sortirent de sa bouche, Élisabeth fut sûrement aussi abasourdie que Marie. Je suis convaincue que Zacharie avait perdu l'ouïe en perdant la voix. Autrement, il aurait sûrement entendu l'échange et se serait précipité auprès des femmes. Au lieu de cela, cette scène remarquable fut réservée à Élisabeth et Marie.

Pensez-y! Ces deux femmes ordinaires — l'une jeune, l'autre plus âgée; l'une de la campagne, l'autre du voisinage de Jérusalem — unies par un Dieu extraordinaire, animées par son Saint-Esprit. Elles furent changées à jamais. Elles furent remplies de vie. Par elles, Dieu entama le salut de son peuple, promis depuis des siècles. Par elles, Dieu modifiait le cours de l'histoire[13].

Élisabeth — c'est-à-dire, le Saint-Esprit — avait encore beaucoup de choses à partager avec Marie.

« Comment m'est-il donné… » *Luc 1,43*

«Pourquoi Dieu est-il si bon avec moi?» (NIRV), voulut savoir Élisabeth. «Mais qui suis-je?» (CJB). Une question que plusieurs d'entre nous se posent quand nous sommes convaincus que nous ne méritons pas les bénédictions que Notre-Seigneur dépose sur nos genoux. «Pourquoi moi, Seigneur?», murmurons-nous alors.

La parole de Dieu nous offre la réponse : «… à cause du grand amour dont Il nous a aimés[14]», parce que «ses tendresses ne sont pas achevées[15]», parce que Dieu est la seule vraie Source d'amour et de bonté. C'est pourquoi il nous chérit.

Élisabeth fut celle qui reçut les faveurs de Dieu ce jour-là à Ein Kerem, quand sa parente apparut à sa porte portant un présent dans son sein.

« ...que vienne à moi la mère de mon Seigneur ? »
Luc 1,43

Un instant, Élisabeth. Non pas *le* Seigneur, mais *ton* Seigneur ? Oui. Élisabeth venait de faire sa profession de foi, et Jésus n'était pas encore né. Trente années passeraient avant qu'il soit tenté par Satan dans le désert, qu'il commence à prêcher le repentir et recrute ses premiers disciples. Malgré tout, Élisabeth le proclama son Seigneur pendant qu'il prenait forme dans le sein de sa mère.

J'en reste bouche bée.

Ce n'était pas Élisabeth qui faisait cet acte de foi de sa propre initiative. C'était le Saint-Esprit qui agissait en elle, aussi sûrement que le bébé qui bondissait dans son ventre.

Quand vous écoutez un professeur, un pasteur ou un conférencier faire une affirmation si vraie qu'elle ne peut provenir que de Dieu, alors croyez-moi, *c'est Dieu qui parle*. Aucun homme, aucune femme n'est assez sage, ni assez érudit, ni assez intelligent pour comprendre et communiquer les vérités profondes de la parole de Dieu sans aide. C'est entièrement l'œuvre de l'Esprit Saint, et tous les applaudissements, tous les éloges doivent lui être adressés.

Puis Élisabeth révéla quelque chose que sa parente ne pouvait voir seule.

« Car lorsque ta salutation a retenti à mes oreilles,
l'enfant a bondi d'allégresse en mon sein. »
Luc 1,44

L'évangéliste nous a dit la même chose trois versets auparavant. Maintenant, c'est au tour de Marie d'apprendre cette nouvelle étonnante d'Élisabeth. « Écoute ! Quand j'ai entendu ta voix, le bébé en moi a remué parce qu'il était joyeux » (WE).

À l'exception de ses nausées matinales et de sa lassitude l'après-midi, Marie aurait pu ne pas avoir encore remarqué de signes réels de sa grossesse. Les mots d'Élisabeth étaient donc une confirmation de la promesse de Dieu, plus positive que n'importe quel test sanguin. Jésus était vivant et actif en elle.

Tu es réellement enceinte, Marie. Et c'est vraiment Dieu !

Ce qui m'impressionne au sujet d'Élisabeth, c'est l'humilité qu'elle a montrée devant sa jeune parente. Comme son fils, Jean, serait soumis à Jésus — « Il faut qu'il grandisse, et que moi, je diminue[16] » —, Élisabeth s'inclina volontiers pour honorer Marie.

En général, ce n'est pas de cette manière que les choses se passent chez les femmes enceintes. Faites un saut dans n'importe quelle classe de Lamaze** et vous découvrirez qu'il existe un véritable ordre hiérarchique : les femmes plus proches de leur terme se trouvent au sommet, et celles nouvellement enceintes décidément au pied. Mais Élisabeth comprenait son rôle secondaire et fut heureuse de s'y soumettre en couvrant la mère de son Seigneur de louanges.

Il n'y avait aucune concurrence entre ces deux femmes.
Cela ne les concernait plus. Seul le Seigneur
importait.

— MICHELE

---

* N.d.T.: Méthode de préparation à la naissance et d'accouchement introduite par le Dr Fernand Lamaze en France dans les années 1950.

Une autre révélation : l'enfant avait tressailli de «joie», avait dit Élisabeth. Comment pouvait-elle savoir cela ? Les bébés sursautent sans avertissement, sans explication. Mais la future mère était certaine de la raison : la *joie*, l'un des fruits du Saint-Esprit[17], qui émanait alors en abondance d'Élisabeth*.

> «Bienheureuse celle qui a cru : ce qui lui a été dit
> de la part du Seigneur s'accomplira!» *Luc 1,45*

En somme, Marie méritait des éloges à cause de sa foi, et c'est pourquoi Élisabeth la louait. «Tu as cru ce que Dieu t'a dit!» Ici encore, le Saint-Esprit révélait des choses qu'Élisabeth ne pouvait savoir d'elle-même. Marie n'avait pas dit à sa parente comment tout cela était survenu. Elle n'avait pas décrit la visite de Gabriel, n'avait pas expliqué comment elle avait été couverte par le Saint-Esprit. Jusqu'à maintenant, la seule parole prononcée par Marie avait été «Bonjour». Pourtant, nous voyons qu'Élisabeth semblait déjà au parfum, louant Marie de faire confiance au Seigneur. «Oh, comme elle est heureuse la femme qui croit en Dieu!» (PHILLIPS).

C'est le vrai test de notre foi, n'est-ce pas? De croire que les promesses de Dieu sont vraies — pas seulement en théorie, mais aussi dans notre vie de tous les jours. D'attendre dans une expectative joyeuse. De dire oui et de ne pas avoir peur de ce que les autres pourraient dire de notre dépendance à Dieu, de notre abondance de joie. Si les gens parlent, qu'y faire? C'est ce qu'ils font toujours.

---

* N.d.T.: «Mais voici le fruit de l'Esprit : amour, joie, paix, patience, bonté, bienveillance, foi, douceur, maîtrise de soi.» (Galates 5,22)

Élisabeth reconnaissait une personne croyante quand elle en rencontrait une. Et elle ne désirait rien de plus que de servir Marie et de rester à ses côtés.

Après un accueil aussi lyrique, est-ce étonnant si Marie se mit à chanter ? Nous imaginons difficilement Noël sans musique : *Le premier Noël, Ô venez, tous les fidèles, Sainte Nuit.* La liste est longue, pourtant les airs sont profondément gravés dans notre mémoire — eh bien, au moins les quelques *premiers* couplets.

Pourtant, plus glorieux que les chansons familières est l'air ancien qui naquit dans le cœur de Marie. Alors que les louanges exubérantes de sa parente flottaient encore dans l'air, Marie répondit par une chanson aussi merveilleuse que n'importe quel psaume. Elle s'intitule *L'hymne de louange de Marie* (NET) ou *Le chant de gratitude de Marie* (NLV), mais elle est mieux connue sous le nom de *Magnificat*, de la traduction latine des premiers mots de Marie, «elle magnifie».

«Alors Marie dit...» *Luc 1,46*

Je sais, je sais. Pas une note n'a encore été chantée, et déjà je l'interromps.

Tout comme l'annonce de la grossesse de Marie vint par une révélation du Saint-Esprit, ces mots magnifiques surgirent d'une source divine. Rappelez-vous, Marie n'était ni bien née ni instruite. De sa part, exprimer sa louange dans un langage aussi relevé ne pouvait être que le travail du Saint-Esprit en elle, alors que «son âme noble débordait de poésie[18]».

En aucun cas la prééminence du Saint-Esprit ne diminue le rôle de Marie. Au contraire, il nous montre à quel point elle était soumise à Celui dont la semence était dans son ventre. Elle appartenait à Dieu complètement — esprit, corps et âme. Dans les mots de Marie, nous reconnaissons les échos du cantique d'Anne et de courts extraits des psaumes de David — une douzaine de passages différents de l'Ancien Testament en tout. Et pour l'air, elle a sans doute choisi une psalmodie familière en ce temps-là[19], alors qu'elle chantait de tout son cœur.

« Mon âme exalte le Seigneur... » *Luc 1,46*

Son âme « est portée aux nues » (AMP) ; elle « exalte » (NASB), elle « magnifie* » (ESV). La dévotion de Marie était totale. Sa volonté, inébranlable. Elle « vibrait de la nouvelle de Dieu » (MSG). Nous nous l'imaginons les yeux levés vers le ciel, les mains aussi peut-être, et rayonnante de joie. « Mon cœur déborde de louanges pour mon Seigneur » (PHILLIPS).

Chargée d'un tel fardeau, Marie retrouva légèreté et gaieté en chantant.

— CHRISTINA

Oh, comme nous voulons pouvoir chanter avec elle et vivre chaque mot. Gloire, gloire, gloire à Dieu ! Marie était unique entre toutes les femmes, pourtant elle nous montre à tous le chemin. *Voilà* ce que veut dire « aimer

---

* N.d.T.: Célébrer, exalter par de grandes louanges.

et servir Dieu». *Voilà* ce que veut dire «vivre pour un but divin». *Voilà* ce que veut dire «le placer au-dessus de tous et de tout». «De tout mon cœur, je glorifie Dieu!» (CEB).

> «... et mon esprit s'est rempli d'allégresse grâce
> à Dieu, mon Sauveur...» *Luc 1,47*

Elle connaissait le nom de l'enfant en elle : Jésus. «Dieu sauve.» Et comme sa parente avant elle, Marie confessait maintenant sa foi en lui et dans son pouvoir de la sauver. «Mon esprit célèbre Dieu, mon Libérateur!» (VOICE).

Pas étonnant qu'elle fût «contente»(NLV)! Quand nous déposons le fardeau de notre culpabilité et de notre honte, quand nous acceptons le pardon que Jésus nous offre, quand nous levons nos têtes et nos cœurs et embrassons la vie nouvelle qu'il a conçue pour nous, nos yeux peuvent être noyés de larmes, mais nos visages débordent de joie. Chante Marie, montre-nous comment faire. «Au plus profond de mon être, je me réjouis en Dieu mon Sauveur» (CEB).

> «... parce qu'il a porté son regard sur son humble
> servante.» *Luc 1,48*

Bien que Marie ait affirmé : «Je ne suis pas importante» (ERV), elle n'a pas dit : «Je suis humble.» Le penser serait le fait d'une personne, eh bien, peu humble. Faisant partie des paysans de Nazareth, une ville de réputation douteuse, Marie connaissait sa place. Elle était pleinement consciente «de son rang inférieur» (CEB), de sa «pauvreté» (ESV), de sa condition de «modeste servante» de Dieu (NLT).

Malgré tout, Dieu comptait sur elle. Il «l'avait remarquée» (CJB); il «l'avait regardée favorablement» (CEB); il lui «avait montré sa compassion» (NCV). Dieu la voyait — au sens propre du terme — non d'une manière superficielle, mais avec un regard aimant aussi tendre qu'une caresse.

Dieu vous regarde aussi tendrement, les yeux pleins de compassion. Pas d'argent à la banque? Pas de diplôme accroché au mur? Pas de titre impressionnant sur votre carte de visite? Dieu vous voit. Pas de mari pour partager votre lit? Pas d'enfants à votre table? Pas de maison qui vous appartienne? Dieu vous voit.

Il avait un plan pour la vie de Marie et il en a un pour la vôtre. Pendant la durée de notre vie, notre regard porte sur deux ou trois générations au plus, pourtant le Saint-Esprit avait donné à Marie un aperçu de l'éternité.

«Oui, désormais, toutes les générations me proclameront bienheureuse...» *Luc 1,48*

Un comédien du nom de Walter Brennan avait l'habitude de dire : «Pas de vantardise. Un simple fait.» Marie n'attirait pas la gloire sur sa personne. Elle ne faisait qu'accepter la faveur de Dieu. «Tous ceux et toutes celles qui viendront après moi m'appelleront la plus heureuse des femmes!» (PHILLIPS). Le don de Dieu était si étonnant, si spontané, qu'il ne serait jamais oublié. «À partir de maintenant et jusqu'à la fin des temps, les gens se souviendront de la manière dont Dieu m'a bénie» (ERV). C'est vrai. Nous parlons encore de Marie. La prochaine génération fera de même, et la suivante. Marie a dit avec raison : «Je suis la femme la plus chanceuse de la terre!» (MSG).

Enceinte depuis peu et toujours pas mariée, Marie ne savait pas ce que l'avenir lui réservait, pourtant elle chantait avec une entière confiance, portée par le pouvoir de l'Esprit Saint. «À partir de maintenant, tout le monde dira que je suis pleine de grâce» (CEB). Voilà la confiance en action. Voilà l'attitude de l'espoir. Voilà la foi sans la moindre intention d'abandonner.

«… parce que le Tout-Puissant a fait pour moi de grandes choses, saint est son nom.» *Luc 1,49*

Dans la même phrase, Marie s'empresse de glorifier Dieu de nouveau : «Celui qui est fort» (ERV), «Celui qui est Tout-Puissant» (AMP) et «Dieu infiniment puissant» (CEV). Si nous employons de telles expressions en priant, elles peuvent nous aider à mieux appréhender celui auquel nous nous adressons. Et celui qui écoute. *Saint, saint, saint. Le fort. Le Tout-Puissant.*

«Sa bonté s'étend de génération en génération sur ceux qui le craignent.» *Luc 1,50*

C'est bien plus que si Marie avait simplement chanté : «Il a été bon pour moi.» C'est une assurance pour toutes les générations à venir que Dieu sera bon pour nous aussi, car « son amour est indéfectible » (VOICE). Pas parce que nous sommes bons, mais parce qu'il est la bonté même, offrant le pardon à ceux qui le craignent, le révèrent, l'honorent, le respectent, l'adorent — pas seulement alors, pas seulement maintenant, mais « d'âge en âge » (AMP).

Marie le louait parce qu'elle l'aimait, et parce qu'elle l'aimait, elle lui faisait confiance.

— CATHY

Dans les versets qui suivent, Marie insère une leçon d'histoire, seulement pour faire bonne mesure. Non seulement Dieu promet-il sa miséricorde dans l'avenir, mais il fut également actif dans le passé — il releva les têtes, appuya les humbles, rassasia les affamés, fut miséricordieux avec le peuple d'Israël.

« Il est intervenu de toute la force de son bras… »
Luc 1,51

Nous pouvons presque voir l'éclat de l'armure de notre Dieu invincible et souverain, qui « dénude ses bras et montre sa force » (MSG) et, ce faisant, « accomplit de glorieux exploits » (VOICE).

« … il a dispersé les hommes à la pensée orgueilleuse… » *Luc 1,51*

Voyez qui Dieu a « dispersé dans la poussière » (VOICE) : « … le grand et le puissant » (PHILLIPS), « l'orgueilleux secret» (CJB) et «les hommes aux pensées arrogantes» (CEB). À l'aune de ces exploits, l'humilité de Marie était d'autant plus remarquable.

> «... il a jeté les puissants à bas de leurs trônes...»
> *Luc 1,52*

Assurément, voilà le genre de propos qui devait rendre le grand Hérode nerveux. Il faisait les cent pas dans son palais la nuit, imaginant des stratagèmes pour empêcher un tel roi de mettre le pied en Judée. Pourtant Dieu «renversa le puissant» (HCSB) et «désarçonna les tyrans» (MSG). Des despotes comme Hérode, dont les jours étaient désormais comptés.

> «... et il a élevé les humbles.» *Luc 1,52*

C'est l'un de ces «et» merveilleux de la Bible. Et après avoir dérouté l'orgueilleux, Dieu «exalta ceux de rang inférieur» (AMP) et «d'humble condition» (ESV). «Ceux qui n'étaient pas grands, il les a faits grands» (WE) et «les éleva à la dignité» (VOICE). Comme notre Marie.

> «Les affamés, il les a comblés de biens...»
> *Luc 1,53*

Dieu procura à son peuple ce dont il avait besoin — sur les plans pratique, spirituel, matériel et émotionnel. Il s'assura que «le pauvre affamé avait sa place au banquet» (MSG).

«... et les riches, il les a renvoyés les mains vides.» *Luc 1,53*

Un autre «et», une autre comparaison. «Les riches sans cœur étaient abandonnés dans le froid» (MSG), laissés «les mains vides» (VOICE). L'économie de Dieu est l'exact opposé de l'économie du monde. Pauvre maintenant? Riche pour l'éternité. Riche maintenant? Soyez généreux dans vos dons. Comme le prophète Ésaïe avant elle[20], Marie nous exhorte à partager notre nourriture avec l'affamé, à offrir un gîte au sans-abri et à habiller celui qui est nu. Pas seulement au temps de Noël, pas seulement quand notre charité nous donne droit à un remboursement d'impôt, mais toute l'année.

Nous entendons le Saint-Esprit dans chaque syllabe de la chanson de Marie. Nous reconnaissons aussi les mots que Jésus enseignera un jour à ses fidèles. «Heureux les pauvres en esprit[21]» et «heureux les doux[22]» contiennent des échos des appels de sa mère pour la justice sociale, qui rétablit l'équilibre entre ceux qui possèdent tout et ceux qui n'ont rien.

«Il est venu en aide à Israël, son serviteur...» *Luc 1,54*

Marie savait que son peuple n'avait pas été oublié. Même après l'exil à Babylone et quatre siècles de silence, Dieu «embrassait encore ses enfants élus» (MSG).

« ... en souvenir de sa bonté, comme il l'avait dit à nos pères, en faveur d'Abraham et de sa descendance pour toujours. » *Luc 1, 54-55*

Il « accumula les bénédictions en de hautes piles » (MSG). Dieu n'oublie jamais et ne néglige jamais son peuple. Avec cet enfant qui grandissait dans le sein de Marie, le Messie ne tarderait pas à arriver. Entre-temps, Marie resta à Ein Kerem afin d'aider sa parente plus âgée, qui en avait sûrement bien besoin, pour accomplir ses tâches quotidiennes alors que la naissance de son fils approchait.

« Marie demeura avec Élisabeth environ trois mois, puis elle retourna chez elle. » *Luc 1,56*

Je voudrais plus d'une phrase. Je voudrais un long chapitre, sinon un livre entier, pour décrire comment ces deux femmes prirent soin l'une de l'autre et se soutinrent mutuellement au cours du dernier trimestre d'Élisabeth.

Je fus surprise par leur force spirituelle et, plus encore, par leur extraordinaire altruisme et leur amour mutuel.

— BRENDA

Nous pouvons seulement imaginer leurs conversations quotidiennes, remplies du mystère et de l'émerveillement de ce que Dieu accomplissait dans leur vie. Chaque détail de leur croissance physique et spirituelle devait être marqué au sceau de l'étonnement. Des problèmes mineurs, comme une indigestion ou des chevilles enflées, étaient sûrement oubliés en regard des joies de la maternité à venir.

À la fin de ces trois mois, Élisabeth était ronde comme la pleine lune. Quoique Marie eût aimé voir l'enfant d'Élisabeth venir au monde en toute sécurité, elle ne pouvait s'attarder un jour de plus. Le bébé de Marie dans son ventre commençait à paraître. Et les voisins d'Élisabeth murmuraient déjà.

Enfin, Joseph, son futur mari, méritait de connaître la vérité. Guidée par la main sûre de Dieu, Marie entreprit le voyage de retour à Nazareth avec un enfant dans son sein et une chanson dans son cœur.

Cinq

Bons chrétiens, réjouissez-vous
Avec le cœur, et l'âme, et la voix;
Prêtez l'oreille à ce que nous disons :
Une nouvelle ! Une nouvelle !
Jésus-Christ est né aujourd'hui !
Un bœuf et un âne devant lui s'inclinent,
Et il est dans la crèche maintenant.
Le Christ est né aujourd'hui !
Le Christ est né aujourd'hui !

— TRADUIT EN ANGLAIS PAR JOHN MASON NEALE,
GOOD CHRISTIAN MEN, REJOICE, 1853

Avec le cœur, et l'âme, et la voix

Lors d'un printemps maussade, j'ai perdu la voix une semaine entière. Pas un son ni même un gargouillis ne franchissaient ma gorge. Mon mari ne l'a jamais dit, mais je pense qu'il était secrètement reconnaissant d'avoir une maison paisible. De mon côté, j'ai vu que le monde pouvait continuer à marcher comme sur des roulettes sans mon apport verbal constant. J'ai aussi compris la valeur de l'écoute. Et des prières.

Sans émettre un son, nous pouvons toujours nous tourner vers Dieu.

Je soupçonne qu'au cours de la visite de Marie à Élisabeth, Zacharie a eu une longue et profonde conversation à cœur ouvert avec son Créateur, demandant pardon à Dieu d'avoir douté de son messager angélique, louant le saint nom du Seigneur et recherchant le conseil infaillible du Tout-Puissant.

Au sommet de la liste des prières de Zacharie se trouvait sûrement la naissance sans complication de son fils.

«Pour Élisabeth arriva le temps où elle devait accoucher...» *Luc 1,57*

Qu'Élisabeth ait mis son enfant au monde «après le temps accompli» (DRA) nous assure que l'enfant n'était pas prématuré. Il n'y a aucun indice d'accouchement difficile non plus — une bénédiction pour cette mère âgée. Bien que Marie fût retournée à Nazareth, Élisabeth n'était pas seule le moment venu. Dieu était avec elle, lui donnant toute la force nécessaire et du courage, comme l'écrit le psautier : «Tu m'as séparé du ventre maternel[1].»

Une sage-femme devait être présente, essuyant le front d'Élisabeth et l'assistant, ainsi que toutes les parentes et amies que la maison pouvait accueillir. La naissance était rarement une affaire privée. Qu'Élisabeth fût accroupie, à genoux ou qu'elle poussât installée sur une chaise d'accouchement en forme de fer à cheval[2], ceux qui lui étaient le plus chers devaient être à ses côtés, pour la soutenir quand c'était nécessaire et lui offrir de constantes paroles d'encouragement.

Le processus de l'accouchement n'a rien de romantique. Du sang, de la sueur, des larmes, et tout le reste. C'est une affaire salissante. Pourtant, quand les douleurs de l'enfantement prennent fin, une mère «ne se souvient plus de son accablement; elle est toute à la joie d'avoir mis un enfant au monde[3]». Je sais que c'est vrai. Lors de la naissance de mon premier-né, mes douleurs avaient duré vingt-six heures. Quand on a déposé ce poupon emmailloté dans mes bras, j'ai regardé le père, qui était comme moi au bord de l'épuisement, et j'ai dit : «Recommençons!»

Peu importe ce qu'Élisabeth a vécu en donnant naissance à son fils, je peux vous dire que la récompense en valait la peine. De son côté, Zacharie attendait à l'extérieur de la maison avec les hommes d'Ein Kerem quand le premier cri perçant déchira l'air.

«... et elle mit au monde un fils.» *Luc 1,57*

Tant de joie contenue dans un seul verset! Nul besoin d'envoyer des faire-part. Le mot commençait déjà à se répandre.

«Ses voisins et ses proches apprirent que le Seigneur l'avait comblée de sa bonté...» *Luc 1,58*

Les «cousins» (WYC) d'Élisabeth, sa «parenté» (YLT), sa «famille élargie» (VOICE) découvrirent bientôt «que son Seigneur s'était montré merveilleusement bon envers elle» (GNT). Ces mêmes voisins, qui avaient autrefois jeté sur la stérile Élisabeth des regards de commisération, la regardaient maintenant avec vénération, témoins de la façon dont Dieu avait «tourné sa miséricorde vers elle» (ASV).

Élisabeth — oui, cette Élisabeth-là, cette vieille femme — avait donné naissance à un garçon en santé.

«... et ils se réjouissaient avec elle.» *Luc 1,58*

Pouvez-vous imaginer la scène? Des gens de tous âges entassés dans chaque coin de la maison, encombrant les portes et penchés aux fenêtres. Peu importe la grosseur du village d'Ein Kerem, chaque âme vivante devait sûrement être au courant de la naissance miraculeuse et être déjà en route vers la maison de Zacharie.

Un fils enfin. Un *fils*. Le seul fait de taper ces mots au clavier fait jaillir des larmes de mes yeux. Attendre si longtemps et ne pas perdre espoir ! Élisabeth tenait enfin dans ses bras la preuve absolue de l'amour de Dieu pour elle. Finie la stérilité, finis les chagrins, finie la honte.

Élisabeth a dû attendre très longtemps avant de voir la bonté de Dieu révélée, pourtant elle garda la foi, fut humble et reconnaissante.

— ALINA

Nous pouvons aussi toucher et sentir la preuve vivante de l'amour de Dieu en tenant sa Parole écrite entre nos mains et en gardant l'Esprit Saint dans notre cœur. Dans le Christ, nos vies stériles deviennent riches et comblées, nos chagrins s'estompent à la lumière de ses promesses et la honte de nos péchés est bannie à jamais. Un miracle encore plus grand que la naissance d'un enfant. Une cause encore plus grande de joie.

« Or, le huitième jour, ils vinrent pour la circoncision de l'enfant… » *Luc 1,59*

Selon la loi de Moïse, chaque enfant mâle devait être circoncis le huitième jour après sa naissance en signe de l'alliance de Dieu avec son peuple[4]. Une fois encore, les voisins d'Élisabeth et sa parenté étaient rassemblés pour «le *b'rit-milah* de l'enfant» (CJB). Nous pouvons la voir tenant son bébé mâle, fière, mais éprouvant une inquiétude compréhensible au moment où la tendre chair de l'enfant était sectionnée. *Ouille!* Comme elle doit l'avoir rapidement enveloppé dans les toiles de lin, prenant soin de ne pas le faire souffrir davantage. Peut-être a-t-elle caressé sa tête duveteuse avec sa joue et chanté doucement pour le consoler.

Le moment était venu de nommer le garçon, alors la parenté décida de parler à la place du chef de la maison, qui était toujours privé de voix.

«... et ils voulaient l'appeler comme son père, Zacharie.» *Luc 1,59*

Intéressant. Dans les Écritures, ce n'est pas la manière courante de faire les choses. En fait, le garçon recevait rarement le nom de son père[5]. Par exemple, aucun des douze fils de Jacob ne porte ce prénom. Pas plus que cela n'est une pratique commune chez le peuple juif aujourd'hui. «Plusieurs Juifs considèrent encore étrange, et même quelque peu arrogant, qu'un père puisse donner à son fils son propre nom[6].»

Soit que les parents, qui partageaient la joie d'Élisabeth, aient aussi tenu à partager le choix du nom, soit qu'ils aient été simplement «envahissants[7]», elle ne céda pas d'un pouce.

«Alors sa mère prit la parole : "Non, dit-elle, il s'appellera Jean."» *Luc 1,60*

J'adore cela. Malgré son épuisement, après une semaine de nuits sans sommeil passées à veiller sur son fils, Élisabeth «intervint» (MSG) avec aplomb. «Ah, non!» (PHILLIPS), leur dit-elle. «Hors de question!» (GOD'S WORD). Voilà notre modèle : elle se tient debout et honore Dieu. «Il s'appellera Jean» (RSV), informa-t-elle les visiteurs réunis.

Ses amis et parents n'étaient pas convaincus que son choix était le meilleur.

> «Ils lui dirent : "Il n'y a personne dans ta parenté qui porte ce nom."» *Luc 1,61*

Était-ce un désaveu? Ou un rappel? «Personne dans ta famille n'a jamais été nommé Jean» (CEV), lui dirent-ils. Puisque choisir un nom à l'extérieur du réseau familial était hautement suspect[8], ils craignirent peut-être que Zacharie ne soit pas vu comme étant le père de l'enfant. Peut-être voulurent-ils étouffer les rumeurs dans l'œuf.

Comme Élisabeth ne proposait pas d'autres noms, ses parents se tournèrent vers Zacharie.

> «Et ils faisaient des signes au père pour savoir comment il voulait qu'on l'appelle.» *Luc 1,62*

Hum. C'était Zacharie qui était incapable de parler, pourtant on communiquait avec lui par «gestes» (NLT), on lui parlait «avec les mains» (NLV). Maintenant, je suis plus convaincue que jamais — comme le sont de nombreux érudits — que Zacharie était sourd aussi bien que muet. «Il est clair qu'il avait perdu l'ouïe aussi, car ses amis communiquaient avec lui par signes[9].»

S'ils cherchaient «à découvrir comment il désirait nommer son fils» (CEV) parce que l'opinion d'Élisabeth n'était pas suffisante, Zacharie lui exprima plutôt son soutien.

«Il demanda une tablette et écrivit ces mots…»
Luc 1,63

Son mari «fit un geste» (CJB) pour qu'on lui apporte «quelque chose pour écrire» (ERV). Imaginez une planchette de bois ordinaire recouverte d'une fine couche de cire, puis, pour écrire, un instrument pointu fait d'or, d'argent, d'étain, de fer, de cuivre, d'ivoire ou d'os. L'extrémité opposée — qui était lisse, plate et circulaire — servait à effacer la surface de cire qui pouvait être réutilisée[10]. Plutôt collante durant les journées chaudes, mais cela suffisait à Zacharie.

«"Son nom est Jean" ; et tous en furent étonnés.»
Luc 1,63

C'était la dernière chose à laquelle la parenté s'attendait. «Comme ils furent surpris!» (GNT). Ce qui se produisit ensuite leur donna encore plus raison d'être «stupéfaits» (NIRV).

«À l'instant sa bouche et sa langue furent libérées…» *Luc 1,64*

Oubliez la tablette de cire. «La faculté de parler de Zacharie lui revint soudainement» (PHILLIPS) et sa langue fut «déliée» (ASV). Après neuf longs mois, cette contrainte divine était finalement levée, au moment où Zacharie faisait acte d'obéissance. Mais il ne s'arrêta pas là. Zacharie fit ce qui lui vint naturellement. Et surnaturellement.

«... et il parlait, bénissant Dieu.» *Luc 1, 64*

Il ne demanda pas pourquoi il avait été réduit au silence, il ne se plaignit pas des inconvénients que cela lui avait causés. Au lieu de cela, Zacharie «loua Dieu à voix haute» (VOICE).

Élisabeth louait Dieu. Marie louait Dieu. Quand la bouche de Zacharie s'ouvrit, il loua Dieu. Je vois ici une tendance. Et vous? Des bouches ouvertes, qui louent Dieu. Chez moi, les bouches s'ouvrent... et le regrettent ensuite. Ou bien elles s'ouvrent pour se plaindre. C'est pourquoi j'ai mémorisé le verset suivant et que j'en ai fait ma toute première prière du matin : «Seigneur, ouvre mes lèvres, et ma bouche proclamera ta louange[11].»

David écrivit ces paroles après avoir commis l'adultère avec Bethsabée. Son orgueil avait été piétiné, il se sentait humilié, pourtant il savait comment se racheter : en révérant Dieu. C'est aussi notre issue. Notre porte de sortie hors du péché, hors de la misère morale, hors de la peur. Quand nous commençons à complimenter Dieu pour toutes les grandes choses qu'il a faites, il reste peu de temps pour se plaindre ou s'inquiéter. «Alléluia!

Qu'il est bon de chanter notre Dieu, qu'il est agréable de bien le louer[12] ! »

Au lieu de me plaindre, d'exiger et de discuter, je loue Dieu !

— LISA

La nouvelle de l'accouchement d'Élisabeth et du retour de la voix de Zacharie se répandit dans la région comme une traînée de poudre. Miracle après miracle.

« Alors la crainte s'empara de tous ceux qui habitaient alentour ; et dans le haut pays de Judée tout entier, on parlait de tous ces événements. »
Luc 1,65

C'est ainsi que Dieu travaille : une bénédiction pour l'un est une bénédiction pour tous, et le résultat final est une plus grande fascination pour son œuvre. Quand nous faisons l'expérience de sa grâce, nous désirons ardemment le dire à d'autres afin qu'ils fassent l'éloge de Dieu avec nous. Ce faisant, leur foi est fortifiée, sachant que Dieu est réel, que Dieu est puissant, que Dieu est souverain, que Dieu est en mouvement. Quand « une crainte profonde et révérencieuse se posa sur le voisinage » (MSG), les gens de Judée « ne parlèrent plus d'autre chose » (MSG).

« Tous ceux qui les apprirent les gravèrent dans leur cœur... » *Luc 1,66*

Ils « réfléchirent à ces événements » (NLT) et « gardèrent *ces choses* dans leurs cœurs » (LEB). Ils y réfléchirent, les considérèrent, les pesèrent.

> « ... ils se disaient : "Que sera donc cet enfant ?" »
> *Luc 1,66*

Des parents posent régulièrement une telle question. Mais dans les villages entourant Jérusalem, on s'interrogeait ouvertement au sujet de Jean : « Que sera ce petit garçon ? » (AMP). En raison de tous les miracles entourant sa conception et sa naissance, il y avait sûrement quelque chose de particulier chez cet enfant.

> « Et vraiment la main du Seigneur était avec lui. » *Luc 1,66*

Ah, pas étonnant que Jean fût le principal sujet de conversation en ville. « La main de Dieu » signifie une « puissance agissante[13] ». Après la rencontre de Zacharie avec l'ange, la conception miraculeuse d'Élisabeth et la venue au monde joyeuse du bébé Jean, les gens voyaient bien que « la bénédiction du Seigneur était avec lui » (PHILLIPS), « le protégeant et l'aidant » (AMP).

Cela signifiait-il que la vie de Jean fut facile sous l'aile de Dieu ? Pas du tout. Nous pouvons être sûrs qu'il trébucha et s'érafla les genoux, qu'il commit des méfaits d'enfant et qu'il fut corrigé par son père. Comme ses parents étaient très vieux, Jean est probablement devenu orphelin en bas âge — presque une certitude, bien qu'il soit tragique d'y penser. Et son histoire se termine abruptement par sa décapitation brutale ordonnée par Hérode[14].

Non, Jean n'a pas eu une vie choyée. Malgré tout, il fut l'homme de Dieu, honorant le nom du Seigneur. Dans le chant qui surgit des lèvres de Zacharie, nous avons un aperçu du message que Jean proclamerait un jour.

« Zacharie, son père, fut rempli de l'Esprit Saint et il prophétisa en ces termes… » *Luc 1,67*

Zacharie était un prêtre, pas un prophète — jusqu'à ce moment-là. Comme Élisabeth en était remplie, comme leur fils en était rempli, Zacharie regorgeait de l'Esprit de Dieu et put prononcer une « bénédiction prophétique » (VOICE) pour le salut de son peuple.

Comme le *Magnificat* de Marie, le cantique de Zacharie a lui aussi un nom — *Benedictus* — du premier mot latin, signifiant « béni[15] ». Les mots coulèrent de la bouche de Zacharie comme de l'eau vive, rafraîchissant tous les cœurs qui les entendirent.

« Béni soit le Seigneur, le Dieu d'Israël, parce qu'il a visité son peuple et accompli sa libération… » *Luc 1,68*

Zacharie savait que Dieu non seulement veillait et écoutait, mais qu'il avait aussi « tourné son visage vers son peuple et l'avait libéré ! » (PHILLIPS).

«... et nous a suscité une force de salut dans la famille de David, son serviteur.» *Luc 1,69*

Zacharie ne parlait pas de son fils, Jean. Il parlait de Jésus, *qui n'était pas encore né.* Un «puissant Libérateur» (CJB). Un «puissant Sauveur» (ERV). Oh, que si!

«C'est ce qu'il avait annoncé par la bouche de ses saints prophètes d'autrefois...» *Luc 1,70*

«D'autrefois» est juste. «Depuis le début du monde» (GNV), en effet «dès le début» (CJB), la création entière attendait d'être secourue.

«... un salut qui nous libère de nos ennemis et des mains de tous ceux qui nous haïssent.» *Luc 1,71*

Le peuple d'Israël avait été persécuté en raison de sa foi en Dieu. Il connaissait la haine et espérait ardemment l'arrivée du Messie.

«Il a montré sa bonté envers nos pères et s'est rappelé son alliance sainte...» *Luc 1,72*

C'est de la grâce que le Sauveur apporterait. «De la miséricorde *et* de la compassion *et* de la gentillesse» (AMP). Exactement l'opposé de ce que les ennemis de Dieu proposent. De plus, Dieu se souviendrait de sa «sainte promesse» (NLV) faite à son peuple.

« … le serment qu'il a fait à Abraham, notre
père… » *Luc 1,73*

Nous devons revenir au début de la Genèse pour
retrouver ce « serment solennel » (CEB). Deux mille ans
avant le Christ — plus ou moins un siècle —, Dieu a fait
une alliance avec son peuple.

« … il nous accorderait, après nous avoir arra-
chés aux mains des ennemis, de lui rendre sans
crainte notre culte… » *Luc 1,74*

Zacharie dit à ses voisins qu'ils pouvaient servir Dieu
« sans peur » (AMP) et « sans crainte » (PHILLIPS). Combien
de fois me suis-je consolée avec ce rappel de David : « …
sur Dieu je compte, je n'ai pas peur, que feraient pour
moi les hommes[17] ? » La réponse rapide : rien qui
importe. Rien de durable.

« … dans la piété et la justice sous son regard,
tout au long de nos jours. » *Luc 1,75*

Un langage aussi élevé et poétique n'est pas courant. Ce
n'était sans doute pas la manière habituelle de parler de
Zacharie non plus. En des termes de la vie de tous les
jours, nous devenons saints et justes avec Dieu pour
toujours.

« Et toi, petit enfant, tu seras appelé prophète du
Très-Haut, car tu marcheras par-devant sous le

regard du Seigneur, pour préparer ses routes...»
Luc 1,76

Nous pouvons imaginer Zacharie souriant à Élisabeth, puis se pencher vers leur fils pour le prendre, le lever aussi haut que ses bras arthritiques le lui permettaient, l'élevant vers le ciel tandis qu'il prophétisait : « Tu précéderas le Seigneur pour lui préparer le chemin » (WE).

Trente ans plus tard, alors que Jean baptisait son peuple dans le Jourdain dans l'attente de l'entrée en scène du Christ, les plus vieux habitants de Judée devaient se remémorer la scène. *Nous nous rappelons la prophétie de son père. N'étions-nous pas là ? Ne l'avons-nous pas entendue nous-mêmes ? N'avons-nous pas vu la fierté maternelle briller dans les yeux d'Élisabeth ?*

La vision de Zacharie du futur ministère de son fils était claire comme du cristal.

« ... pour donner à son peuple la connaissance
du salut par le pardon des péchés. » *Luc 1,77*

C'était une chose de racheter ses péchés par le sacrifice d'un animal sur l'autel. C'en était une autre de proclamer que cette « délivrance viendrait par le pardon des péchés » (CJB) par un *homme*, le Messie, qui allait bientôt naître.

« C'est l'effet de la bonté profonde de notre Dieu ;
grâce à elle nous a visités l'astre levant venu d'en
haut... » *Luc 1,78*

Je pense à la beauté que ces mots devaient avoir quand ils furent chantés. Même si Zacharie n'avait pas été doué musicalement, des paroles telles que « une Lumière d'en haut se posera sur nous » (AMP) et « un nouveau jour venant des cieux brillera sur nos têtes » (ERV) auraient encore le même éclat aujourd'hui.

« Il est apparu à ceux qui se trouvent dans les ténèbres et l'ombre de la mort, afin de guider nos pas sur la route de la paix. » *Luc 1,79*

Au moins dans ce cœur d'alto, le cantique touchant de Zacharie se termine par trois amen. De la noirceur à la lumière. *Amen.* De la mort à la vie. *Amen.* Du conflit à la paix. *Amen.*

Élisabeth n'aurait pu connaître un moment plus heureux. Un fils en sécurité dans ses bras. Un mari ayant recouvré la santé et se réjouissant dans la faveur de Dieu. Et une parente à Nazareth portant le Sauveur du monde dans son sein.

Les meilleures histoires finissent sur une bonne note, et celle d'Élisabeth n'est pas une exception. Notre sœur a bien servi le Seigneur et a béni son saint nom. « Élisabeth aurait pu affronter le grand âge avec un sentiment d'échec et une foi vacillante, mais la ferveur de son esprit est un rappel que Dieu veille sur chaque femme avec un amour tendre[18]. »

Quand le Saint-Esprit remplit Élisabeth, il la changea à jamais.

Si nous voulons être changés, si nous voulons que nos vies soient différentes, si nous voulons être aussi fidèles qu'Élisabeth l'a été, nous n'y arriverons pas en essayant plus fort ou en étant meilleurs ou en étant plus zélés. Nous devons plutôt ouvrir nos cœurs et nos esprits au Saint-Esprit afin qu'il nous guide, et avoir confiance que Dieu fera un travail remarquable en nous, comme il l'a fait pour Élisabeth.

Nous oublions qu'ils furent pareils à nous et que les choses que Dieu a faites dans leurs vies peuvent arriver dans la nôtre.

— CANDY

Jésus a dit de son fils : « En vérité, je vous le dis, parmi les enfants des femmes, il n'en a pas surgi de plus grand que Jean le Baptiste[19]. » Un témoignage justifié pour une femme qui était entièrement dévouée à Dieu.

Maintenant que Jean est joyeusement blotti contre le sein de sa mère, vous devez vous demander ce qu'il est advenu de notre Marie, qui avait quitté la maison d'Élisabeth, enceinte de trois mois, pour se rendre à Nazareth. Son état ne pouvait plus tarder à devenir évident pour tous. Découvrons comment son futur mari, Joseph, reçut la nouvelle.

« Voici quelle fut l'origine de Jésus-Christ. »
Matthieu 1,18

Ces premières lignes nous mettent l'eau à la bouche. « Ici, *enfin*, arrive l'histoire de l'Oint du Seigneur » (VOICE). C'est un récit remarquable que nous avons hâte de réentendre à chaque décembre. Pourtant, cet évangéliste réussit ce que peu d'écrivains modernes arrivent à faire : il décrit les personnages principaux et leur drame en une seule phrase.

> « Marie, sa mère, était accordée en mariage à Joseph ; or, avant qu'ils aient habité ensemble, elle se trouva enceinte par le fait de l'Esprit Saint. » *Matthieu 1,18*

Cela se lit comme la bande-annonce d'un film, n'est-ce pas ? Cela pique notre curiosité, nous donne le goût d'en savoir davantage. Jusqu'à la toute fin, cela pourrait décrire la situation de n'importe quel couple ayant conçu un enfant bien avant le jour de son mariage. Mais une seule femme dans l'histoire pouvait prétendre qu'elle allait « avoir un bébé par l'Esprit Saint de Dieu » (CEV).

Puisque l'on s'aperçut que Marie était enceinte, elle ne devait pas s'en être confiée verbalement. Elle a sans doute été trahie par sa silhouette qui changeait. Joseph apprit la vérité « quand sa condition devint évidente, pas quand elle la lui annonça[20] ». Nous ne pouvons être sûrs du moment précis où cela s'est produit, pas plus qu'il n'existe de témoignage écrit décrivant les réactions de sa famille. De la consternation, de la déception, même de la colère auraient dû être les réponses naturelles. Dans le film *La Nativité*, l'actrice jouant le rôle de Marie dit à ses parents : « Je n'ai brisé aucun vœu », ce à quoi son père répond : « Tu as brisé tous les vœux, Marie[21]. »

Parce que nous connaissons la fin heureuse, nous oublions souvent le début éprouvant. Marie a dû être ostracisée dans son petit village. Toutes les portes lui ont sans doute été fermées; ses amies durent la déserter. Quand Marie dit oui à Dieu, «la première chose qu'elle sacrifia fut sa réputation[22]». Tout comme les voisins d'Élisabeth, qui hochaient la tête au passage de cette femme stérile, les pieux citoyens de Nazareth ont dû dire bien des choses à propos de Marie quand elle est rentrée enceinte à la maison.

Honte à Élisabeth — un mari, mais pas de bébé.

Honte à Marie — un bébé, mais pas d'époux.

Ses fiançailles ne faisaient que compliquer les choses. Ou bien l'enfant à naître était de Joseph, et tous les deux étaient coupables d'immoralité sexuelle, ou bien il appartenait à un autre homme, et Marie était une femme adultère. Le châtiment pour un crime aussi odieux était expéditif et cruel. En Égypte, la femme adultère avait le nez coupé; en Perse, c'était le nez et les oreilles; en Judée, «la punition était la mort par lapidation[23]».

J'en tremble pour elle.

Tout dépendait du témoignage du mari. Lui seul pouvait la déclarer son épouse ou l'accuser d'adultère.

«Joseph, son époux, qui était un homme juste...»
Matthieu 1,19

Comme Zacharie, Joseph est décrit comme «juste» (ASV), «noble» (MSG) et «pieux» (NIRV). Un homme de moindre valeur eût peut-être commencé à chercher quelques lourdes pierres, mais pas lui.

«... et ne voulait pas la diffamer publiquement...» *Matthieu 1,19*

Joseph respectait la lettre de la loi, mais il était aussi respectueux de l'*esprit* de la loi. Il était la grâce vivante. Il était aimant. Il était miséricordieux. Dieu le Père aurait-il confié sa progéniture à quelqu'un d'autre? Dieu s'était assuré que Marie fût mariée à un homme qui était «doux, aimable et tendre[24]». Un homme comme Joseph de Nazareth.

Pourtant restait la question de l'enfant qui grandissait dans le ventre de Marie. Joseph ne pouvait détourner le regard, ne pouvait ignorer la preuve de son infidélité. Quel dilemme! En raison de sa tendre affection pour elle, Joseph ne voulait pas «l'humilier» (CEB) ni «exposer sa honte en public» (KNOX). Il n'y aurait pas de plainte logée auprès d'un magistrat, ni d'accusation publique d'adultère, ni de procès[25]. Mais Joseph ne pouvait épouser Marie sans s'incriminer lui-même.

Même sachant comment l'histoire se termine, je me mords les lèvres à ce passage.

«… résolut de la répudier secrètement.»
Matthieu 1,19

Plutôt que d'en parler à qui que ce soit, Joseph «décida» (ESV) de ce qui devait être fait. Puisque «l'infidélité pendant les fiançailles rendait le divorce presque obligatoire[26]», notre Joseph respectueux des lois n'avait d'autre choix que de rompre leur engagement. Par magnanimité pour sa fiancée, il le ferait «privément» (NET) et «sans préciser la raison[27]». De cette manière, il pourrait conserver sa dignité tout en épargnant à Marie une mort possible[28].

Hélas, voici ce que cette résolution aurait signifié pour Marie. Une vie entière sans mari. Pas de père pour son enfant. Devoir vivre avec les membres de sa famille jusqu'à la fin de ses jours. Infliger un sens permanent de déshonneur aux siens. Souffrir une honte qu'elle ne méritait pas.

Dieu, bien sûr, avait une meilleure idée.

« Alors… » *Matthieu 1,20*

L'une de mes particules préférées de la Bible, en particulier quand elle signale que quelque chose est sur le point de changer en mieux.

« … qu'il avait formé ce dessein… » *Matthieu 1,20*

Joseph n'a pas agi avec précipitation. Il a longuement réfléchi. Il a prié afin de comprendre. Il « a médité » (NET); il « a réfléchi » (MOUNCE). Quand, enfin, Joseph décida de laisser la nuit lui porter conseil, « Dieu le dirigea gracieusement vers la chose à faire[29] ».

« … voici que l'Ange du Seigneur lui apparut en songe… » *Matthieu 1,20*

Ce n'était pas Gabriel. C'était un ange de Dieu, « une manifestation de Yahvé[30] », rendant visite à Joseph dans son sommeil. Depuis le temps des patriarches, Dieu avait parlé à son peuple dans les rêves, comme il le fit ici.

> «... et lui dit : "Joseph, fils de David..."»
> *Matthieu 1,20*

En précisant le nom de famille, Joseph savait que le messager s'adressait à lui. Ce n'était pas un dialogue toutefois. L'ange fit les frais de la conversation.

> «... ne crains pas de prendre chez toi Marie, ta femme...» *Matthieu 1,20*

Habituellement, quand un ange dit «ne crains pas» (KJV), c'est pour rassurer celui à qui il s'adresse. Dans ce cas-ci, l'ange disait à Joseph de ne pas craindre de faire ce qui était juste envers Marie. «Ne crains pas qu'elle soit indigne de toi ni qu'elle t'apporte la disgrâce[31]», voilà l'essentiel du message. L'invitation de l'ange fut douce mais ferme. «Va et épouse-la» (CEV).

En dépit des apparences, Marie était restée vertueuse et pure, prenant bien soin d'elle-même et de son bébé. Si elle était à son cinquième mois de grossesse, alors le bébé qui grandissait en elle devait mesurer environ vingt-cinq centimètres de longueur et son corps devait être recouvert d'un doux duvet[32]. Pleinement humain et entièrement divin.

> «... car ce qui a été engendré en elle vient de l'Esprit Saint...» *Matthieu 1,20*

Marie avait-elle déjà annoncé à Joseph cette merveilleuse vérité, faisant des paroles de l'ange une simple confirmation? Ou Joseph entendait-il cette nouvelle ahurissante pour la première fois? D'une façon ou d'une autre, il aurait pu avoir le vertige s'il avait été éveillé. «La grossesse de Marie est l'œuvre du Saint-Esprit?» (MSG). *Oh bébé!*

«Elle enfantera un fils, et tu l'appelleras du nom de Jésus…» *Matthieu 1,21*

Les anges vont droit au but, n'est-ce pas? Débitant sans sourciller une vérité bouleversante après l'autre.

Quand ce fils naîtrait, Joseph le nommerait Jésus, «Sauveur» (AMP). Pourtant, quelques mois auparavant, Gabriel avait dit à Marie : «Tu l'appelleras du nom de Jésus[33]». Alors qui devrait lui donner son nom? Les deux, tout comme le font les parents modernes. Zacharie et Élisabeth avaient prononcé le nom de Jean à tour de rôle. Imaginez la joie de Marie et de Joseph quand ils se confieraient l'un à l'autre qu'un ange avait choisi le nom parfait.

«… car c'est lui qui sauvera son peuple de ses péchés.» *Matthieu 1,21*

L'Évangile, prêché à Joseph au cœur de la nuit. La bonne nouvelle, prêchée à tous ceux qui lisent la parole de Dieu et qui découvrent que le Seigneur a apporté à son peuple «secours, salut, délivrance» (OJB).

*Je suis étonnée de voir combien Dieu nous aime et
désire que nous entrions dans une relation avec lui,
peu importe ce que cela prend.*

— PHYLLIS

«Amour». Ce mot est écrit dans nos cœurs et partout
dans cette histoire. Par amour, Dieu a fait à une brave
jeune fille et à un honnête charpentier le précieux don
de son Fils.

«Tout cela arriva pour que s'accomplisse ce
que le Seigneur avait dit par le prophète...»
Matthieu 1,22

Ce rappel ne fut pas dit à voix haute à Joseph, mais la
prophétie suivante lui vint sûrement à l'esprit — sinon
cette nuit-là, du moins peu après. L'auteur de l'Évangile
est sur le point de citer un texte d'Ésaïe 7,14, écrit
sept cents ans avant la naissance de Jésus[34]. Finalement,
selon le calendrier parfait de Dieu, ces mots prophétiques surgissant des siècles passés portaient leurs
fruits.

«Voici que la vierge concevra et enfantera un fils
auquel on donnera le nom d'Emmanuel, ce qui
se traduit : "Dieu avec nous".» *Matthieu 1,23*

Une vierge? En effet. Concevra? C'est ce qui s'est
passé. Un fils? Assurément. Son nom? Déjà décidé.
«Dieu sauve.» «Dieu avec nous.» «Jésus.»

« À son réveil, Joseph… » *Matthieu 1,24*

Réveille-toi, Joseph ! Ouvre les yeux à la vérité, à la lumière, à un nouveau monde. « En sortant de son sommeil » (ASV), il ne s'attarda pas à prendre un copieux petit déjeuner ni à faire de longues ablutions. Joseph était un homme en mission pour Dieu.

« … fit ce que l'ange du Seigneur lui avait prescrit… » *Matthieu 1,24*

Joseph était le compagnon idéal pour Marie. Il fit « ce que le messager de Dieu lui avait commandé » (YLT), comme elle-même avait accepté ce que Dieu attendait d'elle. Un homme peut-il espérer une plus grande faveur que celle d'épouser la femme que Dieu a choisie pour porter son Fils ?

« … il prit chez lui son épouse… » *Matthieu 1,24*

Ils furent « bientôt mariés » (CEV). J'imagine un mariage plutôt modeste — sans demoiselles d'honneur, un petit gâteau de noces — avant que Joseph ne « l'emmène chez lui » (VOICE). Quelques invités durent sûrement murmurer que Joseph faisait de Marie une honnête femme. Ils ignoraient à quel point ils vivraient innocemment dans les mois à venir.

« … et il ne la connut pas jusqu'à ce qu'elle eût enfanté un fils, auquel il donna le nom de Jésus. » *Matthieu 1,25*

Ils ne « s'unirent pas » (AMP), n'eurent pas de « relations conjugales » (GOD'S WORD). Oui, nous comprenons.

Joseph n'avait certainement pas l'intention de la punir. Cela n'aurait pas ressemblé à l'homme que nous avons connu jusqu'à maintenant. Joseph voulait peut-être simplement protéger sa femme enceinte. Sans doute pensait-il à la prophétie d'Ésaïe et comprenait-il que Marie devait rester vierge jusqu'à ce que Jésus soit né. Ou bien la croyait-il trop sacrée pour être touchée et il ne voulait pas risquer d'intervenir dans le projet de Dieu. Quoi qu'il en soit, Joseph manifesta beaucoup de retenue : il ramena cette jeune fiancée dans sa maison et dans son lit, pourtant « il ne l'a pas connue » (DRA).

Voici un fait qui passe souvent inaperçu : Joseph ne prononce jamais un mot dans les Écritures. Il n'était pas incapable de parler, comme Zacharie. Mais peu importe ce que Joseph dit, ses paroles passèrent sans jamais être rapportées.

Et bien qu'il élevât Jésus, Joseph n'était évidemment pas son père. Quand Jésus commença son ministère public à l'âge de trente ans, sa généalogie indique qu'il « était, selon ce qu'on croyait, fils de Joseph[35] ». *Selon ce qu'on croyait.* Joseph connaissait la vérité. Jésus n'avait pas une seule goutte de son sang dans les veines. Malgré tout, Joseph sauva l'honneur de la jeune femme que Dieu avait choisie pour lui et ignora les bavardages qui les poursuivaient comme des chiens hargneux mordillant leurs talons.

Élisabeth et Zacharie s'étaient élevés au-dessus des commérages, les yeux fixés sur la tâche de mettre au monde un bon fils. Maintenant, c'était au tour de Marie et de Joseph de faire de même. Ils se tourneraient vers Dieu pour qu'il leur donne de la force et ils s'appuieraient mutuellement pendant les jours difficiles à venir.

Je suis si encouragée par la foi qu'Élisabeth et Marie ont montrée. Il faut un cœur ouvert et un esprit volontaire pour suivre Dieu peu importe ce que les gens disent.

— TRACY

Marie observa sûrement les phases de la lune, compta les mois qui s'écoulaient. *Six. Sept. Huit.* Son propre anniversaire de naissance eut peut-être lieu pendant sa grossesse. Est-ce que ses parents lui pardonnèrent? La crurent-ils? La soutinrent-ils? Ou bien elle et Joseph durent-ils affronter seuls leur destin? Quoique la Bible n'en dise rien, mon espoir est que la grâce ait prévalu, au moins dans leurs familles.

Nous nous imaginons Marie marchant dans les oliveraies autour de Nazareth, une main posée sur son ventre, protégeant instinctivement son fils. Le réprimandant quand il donnait des coups de pied trop vigoureux, murmurant des mots tendres quand elle le sentait tourner lentement en elle. Priant pour être prête. Priant pour que tout se passe bien.

Bientôt, cher petit. Bientôt.

Six

Silencieusement, silencieusement
Le cadeau miraculeux est donné !
Alors Dieu distribue aux cœurs humains
Les faveurs de son paradis.
Aucune oreille ne peut entendre son arrivée,
Mais dans ce monde de péchés,
Où les âmes douces le recevront en silence,
Le cher Christ fait son entrée.

— PHILLIPS BROOKS,
O LITTLE TOWN OF BETHLEHEM, 1867

Le cadeau miraculeux est donné

$\mathcal{L}$e moment était venu.

Dans toute la Judée, les gens vaquaient à leurs affaires, échangeant leurs marchandises et surveillant leurs troupeaux, inconscients, ne se doutant de rien. Mais Marie, Joseph et tout le ciel savaient.

Il arrive.

Des siècles auparavant, le prophète Michée avait prédit l'endroit où Jésus naîtrait : «Et toi, Bethléem Éphrata, trop petite pour compter parmi les clans de Juda, de toi sortira pour moi celui qui doit gouverner Israël. Ses origines remontent à l'Antiquité, aux jours d'autrefois[1].» Ce qui veut dire que Dieu devait transporter Marie de Nazareth à Bethléem avant qu'elle ne mette l'enfant au monde. Comme Gabriel l'a souligné, «rien n'est impossible à Dieu[2]». Alors, pourquoi pas un recensement?

«Or, en ce temps-là parut un décret de César Auguste pour faire recenser le monde entier.»
Luc 2,1

Chaque décennie a lieu aux États-Unis un recensement comme l'exige notre Constitution. À l'époque de Marie, l'empereur de Rome était celui qui proclamait quand « le monde entier devait être dénombré » (ASV) et le nom de chaque citoyen « inscrit dans les registres » (CEV).

> « Ce premier recensement eut lieu à l'époque où Quirinius était gouverneur de Syrie. » *Luc 2,2*

Une parenthèse historique était nécessaire pour fixer la date. César avait besoin de connaître précisément le décompte des populations conquises afin d'établir les taxes à percevoir de chacune. Il voulait aussi leur rappeler qui était leur maître. Oh, la folie humaine, puisque « tous les animaux des forêts sont à moi, et les bêtes des hauts pâturages[3] », dit le Seigneur, et qu'il est le seul « Dieu de tous les royaumes de la terre[4] ». Malgré tout, le peuple de Judée craignait Rome et ses puissants dirigeants, alors il fit ce qu'on attendait de lui.

> « Tous allaient se faire recenser, chacun dans sa propre ville. » *Luc 2,3*

Pas nécessairement à leur lieu de naissance, mais « au village de leur origine ancestrale[5] ». En sachant de quelle région provenait chaque habitant, César pouvait déterminer l'influence de chaque tribu. De son point de vue, à Rome, cet exercice était purement politique. Mais pour Dieu dans les cieux, sa signification était entièrement spirituelle. Marie devait être déplacée.

« Joseph aussi monta de la ville de Nazareth, en
Galilée, à la ville de David qui s'appelle Bethléem,
en Judée... » *Luc 2,4*

Marie devait entreprendre le même périple qu'elle avait
fait plusieurs mois auparavant pour voir Élisabeth, peu
après la conception du Christ. Cette fois, Marie se rendrait même plus loin, jusqu'à une ville située à huit ou
dix kilomètres au sud de Jérusalem.

« ... parce qu'il était de la famille et de la descendance de David... » *Luc 2,4*

On nous rappelle ici pourquoi on appelait Jésus « le Fils
de David ». Son père terrestre, Joseph, faisait partie de la
lignée de ce roi illustre, et il se rendit à Bethléem pour le
recensement « parce qu'il était de la famille de David »
(CEV).

Même si Bethléem était bien plus grande que
Nazareth, la petite ville hébergeait tout de même moins
de mille résidents[6]. Sachant que David avait eu huit
épouses, de nombreuses concubines, et en comptant les
descendants de sa progéniture, cette petite ville devait
foisonner de descendants de David au moment où
Joseph et sa femme enceinte arrivèrent.

« ... pour se faire recenser avec Marie, sa
fiancée... » *Luc 2,5*

Attendez. N'étaient-ils pas mariés à ce moment-là ?
Mais des termes tels que « fiancée » (ASV) et « promise »

(GOD'S WORD) étaient encore employés parce qu'ils « n'avaient pas encore consommé le mariage[7] ». Bien sûr, ils s'étaient mariés, mais Marie était toujours vierge, innocente.

> « ... qui était enceinte. » *Luc 2,5*

Le miracle continuait : une vierge qui, pourtant, « portait fièrement un enfant » (ASV). Nous nous demandons comment ce couple nouvellement marié a vécu ses premiers mois de vie commune. Ils se défendaient des commérages des Galiléens ? Priaient pour la protection divine ? Apprenaient à se montrer patient l'un envers l'autre, comme pour la plupart des couples mariés ? Le lien qui les unissait était unique — les deux avaient reçu la visite d'un ange, les deux partageaient la charge d'élever le Messie —, et pendant ces neuf mois, « la divinité résidait dans son sein[8] ».

> *Jeune fille fidèle. Dieu loyal. Quel miracle de s'être servi d'une jeune femme qui pourrait ressembler à n'importe laquelle d'entre nous !*
>
> — SHARI

En ce qui concerne leur voyage à Bethléem, aucun détail n'est rapporté. Honnêtement, pas un mot. Mais le bon sens, des comptes-rendus historiques et une carte géographique devraient nous fournir quelques indices.

Deux routes étaient les plus probables. L'une comportait un passage à gué du Jourdain, continuait vers le sud le long de sa rive est pendant une centaine de kilomètres, puis retraversait le fleuve près de Jéricho et remontait à l'ouest vers Bethléem[9]. De cette manière, ils auraient évité le pays des Samaritains — un peuple jugé impur, même hérétique par les Juifs[10] — et emprunté une route plus unie à travers la plaine arrosée par le fleuve. Mais cela aurait ajouté de trente à quarante kilomètres à leur périple, exigeant un minimum de deux jours additionnels[11].

L'autre chemin était bien plus direct, les menant droit au sud de Nazareth à travers la vallée de Jezréel et le long de la route des Patriarches[12]. Non seulement cette route était-elle la plus courte, mais elle passait aussi près de plusieurs puits, où les marcheurs pouvaient se désaltérer. Peu importe la route empruntée, ils faisaient sans doute partie d'une caravane de voyageurs allant à Bethléem, recherchant la sécurité au sein d'un groupe pour ce trajet de huit à dix jours, où bandits et voleurs de grand chemin se tenaient à l'affût de proies faciles[13].

Nous ne pouvons être sûrs de l'état de Marie, mais elle était certainement parvenue «à la dernière étape de sa grossesse» (PHILLIPS). La tradition et Hollywood aiment nous la présenter arrivant aux abords de la ville au moment de ses premières contractions, mais on ne trouve rien de cela dans les Écritures. Le couple a peut-être séjourné à Bethléem quelque temps avant l'accouchement. Avec un soupir de soulagement, nous pouvons oublier l'image d'une Marie sur le point de donner naissance à son enfant ballottée sur le dos d'un âne.

Quoi qu'il en soit, l'attente n'a pas dû être longue. Joseph et Marie étaient encore à Bethléem, les rues et les maisons bondées de visiteurs, quand ses jours de grossesse arrivèrent à leur fin.

> «Or, pendant qu'ils étaient là, le jour où elle devait accoucher arriva...» *Luc 2,6*

Comme Jean avant lui, Jésus ne naquit pas prématurément, mais vint au monde «quand les jours furent accomplis» (ASV) et «elle enfanta à terme» (PHILLIPS), au moment précis que Dieu avait décrété.

> «... elle accoucha de son fils premier-né...» *Luc 2,7*

Pardonnez-moi, mon Dieu, mais est-ce vraiment tout? Votre Fils béni, né en un seul verset?

Oui.

Que le travail ait duré trois heures ou bien trente, qu'une sage-femme ait été présente ou non, que Joseph ait été seul pour l'assister lors de l'accouchement, Marie donna naissance à un fils. Nous ne connaissons pas son poids à la naissance, ni sa taille, ni son score Apgar. Ses extrémités étaient-elles roses? Son pouls était-il supérieur à cent pulsations à la minute? Ses pleurs étaient-ils forts et vigoureux?

Voici ce qui importe surtout: les prophéties s'étaient toutes réalisées, le miracle s'était accompli, et le Sauveur se trouvait blotti dans les bras de Marie. L'enfant du Saint-Esprit était le sien aussi, avec ses dix petits doigts et ses dix minuscules orteils, une peau olivâtre et des touffes frisées de cheveux noirs. «Le Verbe s'était fait chair et il vint vivre parmi nous[14].» En ce jour sacré, Dieu était bien plus qu'une colonne de nuée le jour et une colonne de feu la nuit[15]. Il devint chair, sang et os. Il devint l'un des nôtres.

Quand je me laisse pénétrer de cela — de tout ce que Jésus est, en commençant par cette simple naissance —, la vraie signification de Noël dépasse presque ce que mon cœur, mon esprit et mon âme humaine arrivent à comprendre.

— NICOLE

Peu importe que son fils fût venu au monde dans la trépidante Bethléem, plutôt que dans sa ville d'origine de Nazareth, Marie était prête à jouer son rôle maternel. Dans le Proche-Orient ancien, cela voulait dire que le corps de l'enfant était d'abord lavé dans l'eau, puis frotté avec du sel mélangé à de l'huile d'olive pour nettoyer sa peau, avant d'être enveloppé dans le vêtement conventionnel du nouveau-né : des langes[16].

«... l'emmaillota...» *Luc 2,7*

Imaginez des «bandelettes de linge» (LEB), de simples lanières de tissu, l'enveloppant complètement de telle sorte qu'«aucune partie de ses bras, de ses jambes, de ses mains ou de ses pieds n'était visible[17]». Selon le Talmud, c'était nécessaire pour redresser les membres[18], mais toute mère sait qu'un nouveau-né désire simplement se sentir bien au chaud et protégé.

Considérez maintenant ceci : la première personne à avoir tenu le Christ dans ses bras fut Marie de Nazareth, et la première à avoir touché au Christ ressuscité, si bref que fût ce contact, fut Marie de Magdala[19]. Dieu s'est confié aux mains d'une femme en venant sur terre, puis il en a chargé une autre d'annoncer sa résurrection lorsqu'il est revenu à la vie.

Quand j'entends des femmes se plaindre amèrement que la Bible est misogyne, je me demande si nous lisons le même livre. Dieu aime les femmes, rachète les femmes, élève les femmes — alors et maintenant. Au jour que nous appelons Noël, il aurait pu apparaître simplement sur terre, pourtant il a choisi d'y entrer par le sein d'une femme. Au jour que nous appelons Pâques, il aurait pu se manifester d'abord à son disciple préféré, Jean, pourtant il a élu comme premier témoin de sa résurrection une femme libérée de sept démons[20].

Les femmes sont précieuses à ses yeux, bien-aimées. Vous êtes toutes précieuses pour lui. De la même façon, Marie était chère à Celui dont le Fils était blotti dans ses bras.

« … et le déposa dans une mangeoire… » *Luc 2,7*

Comme Moïse, « qui, dans sa petite enfance, fut jeté dans une arche de jonc[21] », le Christ fut déposé sur « un lit de paille » (CEV), dans une auge qui contenait le fourrage des animaux. Avant cela, on ne nous avait pas dit que sa famille était installée dans un cadre aussi modeste. Comme cela dut peiner Joseph, un charpentier, de ne pas avoir un berceau en bois construit avec ses propres outils. Il s'agissait plutôt «d'une crèche qui servait de mangeoire aux vaches» (we). Quoique cela ne semble pas très attrayant, ce berceau improvisé était néanmoins «sécuritaire, robuste et élevé au-dessus des sabots des animaux[21]». Une note réconfortante ici. Mais pourquoi vivaient-ils au milieu du bétail au lieu d'être parmi les gens?

> «... parce qu'il n'y avait pas de place pour eux dans la salle d'hôte.» *Luc 2,7*

Nous connaissons davantage des expressions telles que «il n'y avait plus de place pour eux à l'auberge» (kjv). Dans plusieurs adaptations modernes de l'histoire de Noël, nous voyons Marie et Joe s'arrêter dans le stationnement d'un motel bon marché où l'enseigne clignotante «Complet» annonce au couple la désolante nouvelle.

Notre premier fils s'est présenté avec deux semaines de retard par une chaude nuit d'août, au moment où nous vivions dans une petite maison de ville sans air conditionné. Pourtant, cet inconfort mineur n'était rien en comparaison avec les premières heures de Marie en tant que mère. Elle était dans le crottin, littéralement, dans un endroit empestant la paille moisie et le fumier.

Dans les circonstances, il est surprenant que nous ne retrouvions pas dans ce passage quelque chose comme «elle pleurait» ou «elle s'apitoyait sur son sort», ou encore «elle exigea un meilleur logement». Pas notre Marie. Même après avoir donné naissance au Sauveur du monde, elle n'insista pas pour obtenir un traitement de faveur, ne se plaignit pas que «la salle d'hôte ne pût les recevoir» (cjb).

Alors, où étaient-ils exactement?

Peut-être avaient-ils l'intention de loger dans un grand «caravansérail» (exb), construit à l'intention des voyageurs qui cherchaient un refuge[23] pour eux-mêmes et les animaux qui les portaient. Mais à cause du recensement en cours, même les caravansérails étaient débordés, et «ils ne trouvèrent pas de place dans l'abri destiné aux étrangers» (we).

Marie n'avait d'autre choix que de donner naissance à son enfant dans un endroit destiné aux animaux. C'était vraisemblablement une étable[24] ou sous un appentis installé à l'entrée d'une caverne de calcaire aux alentours de Bethléem[25]. Honnêtement, c'était bien le dernier endroit où toute femme aurait voulu accoucher.

Quand Jésus fut prêt à entrer dans ce monde, il n'y avait pas de place pour lui. Nous n'étions pas prêts pour lui. Pourtant, il prépare une place pour nous.

— Susan

Voilà la dure vérité: quand Jésus naquit, il fut pendant quelque temps un sans-abri[26]. Même s'il devait grandir ensuite entre quatre murs à Nazareth, il se retrouverait de nouveau sans foyer quand son ministère débuterait pour de bon: «Les renards ont des terriers et les oiseaux du ciel, des nids; le Fils de l'homme, lui, n'a pas où poser la tête[27].» Du début à la fin, il fut pauvre et posséda peu de biens matériels.

Dieu a choisi de naître dans la pauvreté, pour s'identifier avec les laissés-pour-compte de la société — les vagabonds, les réprouvés, les affamés. Ses parents terrestres ne possédaient rien qui eût une réelle valeur. «S'ils avaient été riches, on leur aurait fait une place[28].» Même s'ils étaient pauvres, ils ont fait une place à Dieu dans leur cœur.

Ce jour-là à Bethléem, la déchéance absolue baignait dans une gloire inimaginable. Né le dernier parmi les humbles, l'enfant Jésus était le premier entre les grands.

Qu'est-ce que Dieu nous disait? Le riche ne peut compter sur sa richesse. L'homme mature doit devenir pareil à un enfant. Ceux qui sont remplis d'eux-mêmes doivent faire le vide pour laisser entrer leur Sauveur. Ce n'est pas par accident que, lorsque les hôtes des cieux sont descendus sur terre, ils ont recherché la compagnie des bergers, non des rois.

«Il y avait dans le même pays des bergers qui vivaient aux champs...» *Luc 2,8*

Un choix évident et plein d'à-propos. David était un berger, Jésus est appelé «notre berger[29]», et «nous sommes son peuple et le troupeau de son pâturage[30]».

Mais voilà, les bergers étaient objets de mépris. Ils ne pouvaient observer les lois cérémoniales dans leurs déplacements entre les collines, ils étaient souvent perçus comme des voleurs, et comme on les disait peu dignes de foi, il leur était interdit de témoigner en cour[31].

Pourtant ce sont eux que Dieu choisit pour être ses témoins et annoncer sa bonne nouvelle. Des hommes d'humbles moyens, qui étaient aussi sans abri, vivaient à l'extérieur et «dormaient à la belle étoile» (AMP) près de Bethléem. Même en hiver, les animaux qui devaient être sacrifiés au temple étaient gardés dans les champs[32].

Un matin de novembre, j'ai jeté un regard sur ces pâturages autour de Bethléem, où Ruth glanait et Boaz rachetait, et où un garçon nommé David avait un temps gardé les moutons de son père. C'était un vaste flanc de colline, avec une vue plongeante, qui devait offrir un poste d'observation idéal à ces bergers. À cette heure tardive, les champs devaient être baignés dans la clarté lunaire tandis que les hommes s'enveloppaient de leurs capes pour se garder au chaud.

«... et montaient la garde pendant la nuit auprès de leur troupeau.» *Luc 2,8*

Puisque la garde des moutons ne connaît pas d'interruption, les pâtres partageaient la journée en «quarts» (AMP), certains dormant tandis que d'autres restaient éveillés, à l'affût des voleurs et des prédateurs[33]. Alors qu'ils scrutaient la nuit, l'oreille attentive aux bêlements des moutons, le ciel descendit sur la terre.

«Un ange du Seigneur se présenta devant eux...» *Luc 2,9*

Les bergers furent sûrement surpris, peut-être muets de terreur, alors que ce messager «se présentait devant eux» (NASB), soit sur le sol ou flottant au-dessus.

« … la gloire du Seigneur les enveloppa de lumière… » *Luc 2,9*

Qui aurait pu dire un seul mot pendant que la « lumière de la gloire de Dieu étincelait » (CEV) et que « la présence lumineuse du Seigneur » (NLV), d'un éclat aveuglant, « resplendissait autour d'eux » (PHILLIPS). Dans la plus sainte des nuits, nous pouvons presque entendre un ténor à la voix claire entonner : « Peuple à genoux ! » Peut-être est-ce ce que les bergers ont fait.

« … et ils furent saisis d'une grande crainte. » *Luc 2,9*

Si « la crainte du Seigneur est le commencement de la sagesse[34] », ils furent de vrais sages cette nuit-là, car les bergers furent « effrayés » (ASV). La version grecque est plus emphatique : « ils furent saisis d'un grand effroi » (WYC).

« L'ange leur dit : "Soyez sans crainte…" » *Luc 2,10*

Nous avons entendu cela auparavant. À quatre reprises dans cette histoire, le messager de Dieu s'est empressé de dire : « N'ayez pas peur ! » (WE), offrant du réconfort à une âme effrayée. Dieu murmure ces paroles à ses filles aussi, dès que nous perdons courage ou que nous laissons la peur s'insinuer en nous. « Ne crains rien ! » (CEV).

Ces bergers étaient sur le point de découvrir que Dieu ne leur envoyait pas un ange pour les détruire, mais bien pour les bénir.

> « … car voici, je viens vous annoncer une bonne
> nouvelle, qui sera une grande joie pour tout le
> peuple. » *Luc 2,10*

Cette « merveilleuse, joyeuse nouvelle » (CEB), « cette
annonce d'une grande joie » (GNV), était destinée à « tout
le peuple », une expression grecque qui « réfère habituellement à "tout le peuple d'Israël[35]" ». Le peuple de
Dieu, alors et maintenant.

> « Il vous est né aujourd'hui, dans la ville de
> David… » *Luc 2,11*

« Aujourd'hui même » (CJB), comme Ésaïe l'avait prophé-
tisé, un événement capital venait de se produire « à
Bethléem, la ville de David ! » (NLT). Les bergers durent
s'entre-regarder, bouche bée, s'appuyant sur leur hou-
lette pour ne pas défaillir. *Ici ? Dans notre ville ?*

> « … un Sauveur… » *Luc 2,11*

Un bébé naissant, et déjà il était « un Sauveur » (CJB), « un
Libérateur » (VOICE). Puis vint la nouvelle la plus importante et la meilleure de toutes. Il n'était pas seulement
venu secourir les Israélites un jour, comme le général
d'une armée ou le chef de leur nation. Oh non. C'était
bien plus que cela.

> « … qui est le Christ, le Seigneur… » *Luc 2,11*

Tant de noms et de titres ont été donnés « à l'Oint promis du Seigneur, à l'Autorité suprême ! » (VOICE). Il est digne de tous. Pour le peuple de Dieu, l'attente était enfin terminée. « Longtemps attendu, il arrivait enfin[36]. » L'ange n'avait pas encore terminé.

Comme il est extraordinaire qu'un hôte des cieux soit descendu pour proclamer une telle nouvelle !

— TRACY

« … et voici le signe qui vous est donné… » *Luc 2,12*

Zacharie, vous vous rappelez, demanda un signe parce qu'il n'était pas convaincu. Les bergers n'en ont pas demandé, n'ont pas exigé de preuve, n'ont pas insisté pour voir l'enfant. Ils ont accepté la parole de l'ange. Malgré tout, le Seigneur voulait qu'ils regardent et voient, parce qu'il avait besoin d'eux pour aller répandre la nouvelle. Alors l'ange dit : « Que cela soit votre preuve » (PHILLIPS).

« … vous trouverez un nouveau-né emmailloté et couché dans une mangeoire. » *Luc 2,12*

Nous avons vu d'innombrables cartes de Noël et scènes de la Nativité montrant Jésus « bébé naissant » (CEB), « emmailloté de langes » (KNOX) et « couché dans une crèche » (ERV). Mais nous avons eu toute notre vie pour embrasser cette réalité. Pensez à ces hommes qui l'entendaient pour la première fois ! *Une mangeoire ?*

Avant que les bergers n'aient le temps de s'étonner, de s'interroger ou de douter... oh!

« Tout à coup... » *Luc 2,13*

Dieu aime visiblement faire des choses étonnantes qui renforcent son autorité et montrent sa puissance. D'abord, il envoie un messager angélique. Puis « immédiatement » (GNV), « en un éclair » (PHILLIPS), les renforts suivent.

« ... il y eut avec l'ange l'armée céleste en masse... » *Luc 2,13*

Les collines de Bethléem furent envahies par une « vaste armée » (CJB), une « multitude de soldats des cieux » (GNV) constituée de « milliers d'autres messagers » (VOICE). Pouvez-vous les voir, mes bien-aimés ? Des milliers d'anges.

« ... qui chantai[ent] les louanges de Dieu et disai[ent]... » *Luc 2,13*

Dès le moment de leur création, les anges ont « offert des remerciements à Dieu » (NLV). Maintenant, imaginez des milliers de voix qui l'honoraient en parfait unisson.

Mais chantaient-ils vraiment ? Le mot grec *legontōn* se traduit par « dire », « parler », « discuter », mais hélas pas par « chanter ». J'ai consacré un après-midi à chercher dans mes livres et en ligne, me demandant avec un peu d'inquiétude comment « le monde dans un silence

solennel se prosterna pour entendre les anges chanter»,
si ces derniers n'ont pas vraiment chanté mais proclamé
leurs louanges.

Puis les indices ont commencé à se recouper. Dieu a
parlé à Job d'une époque où «les étoiles du matin chan-
taient en chœur, tandis que tous les anges de Dieu
lançaient des cris de joie[37]». De même, «chanter»,
«crier» et «louer» sont souvent employés dans le même
sens, comme dans ce passage : «Je te célébrerai par mes
chants, mes lèvres crieront ma joie, car tu m'as libéré[38].»
Le plus encourageant est ce commandement : «Cieux,
chantez votre joie[3]!» Indéniablement, c'est l'hôte du ciel
qui chante.

Mes craintes étaient apaisées. Les bergers pouvaient
se joindre au cantique «les anges dans nos cam-
pagnes ont entonné le doux hymne des cieux», et sans
doute ont-ils chanté avec vigueur plutôt que doucement.
Parce que lorsque les mots suivants se sont déversés du
«grand chœur angélique» (MSG), le son était sûrement si
puissant, si beau, si pieux, que la terre dut trembler sous
les pieds des bergers.

«Gloire à Dieu au plus haut des cieux et sur la
terre paix pour ses bien-aimés.» *Luc 2,14*

Une armée apportant des nouvelles de paix! N'incitant
pas les hommes à manifester «de la bonne volonté»,
comme nous disons souvent, mais souhaitant «paix sur
terre aux hommes de bonne volonté!» (CJB). La paix
vient avec la connaissance de Dieu. C'est pourquoi les
anges ont annoncé la paix aux «amis de Dieu» (KNOX),

«à tous les hommes et à toutes les femmes de la terre qui lui plaisent» (MSG). Comme Matthew Henry l'exprime si éloquemment : «Tout le bonheur que nous avons, ou l'espoir, nous le devons au bon vouloir de Dieu ; et si nous en obtenons du réconfort, toute la gloire lui revient[40].»

«Or, quand les anges les eurent quittés pour le ciel...» *Luc 2,15*

Sont-ils partis aussi vite qu'ils étaient apparus ? Ou sont-ils disparus alors qu'ils s'élevaient et «retournaient au ciel» (CEB)? Nous savons seulement que les anges «s'en sont allés» (DRA), laissant les bergers retrouver la voix.

«... les bergers se dirent entre eux : "Allons donc jusqu'à Bethléem..."» *Luc 2,15*

«Aussi vite que nous le pouvons» (DRA), dirent-ils, prêts à «accourir à Bethléem tout de suite!» (VOICE). Les peureux et les timides étaient devenus intrépides, si déterminés à partir qu'ils étaient prêts à abandonner leurs moutons.

«... et voyons ce qui est arrivé, ce que le Seigneur nous a fait connaître.» *Luc 2,15.*

Les bergers avaient écouté. Maintenant, ils voulaient voir et «vivre» (VOICE) cette étonnante vérité en personne.

Prépare-toi, Marie. Tu es sur le point d'avoir de la compagnie.

J'aime quand une amie surgit à l'improviste. Mais un convoi d'étrangers malpropres, hirsutes et en guenilles qui se présentent sans avertissement? Marie mérite la médaille de l'hospitalité!

> «Ils y allèrent en hâte et trouvèrent Marie, Joseph
> et le nouveau-né couché dans la mangeoire.»
> *Luc 2,16*

De nouveau ce sentiment d'urgence, tandis qu'ils «accourent» (ERV) et «arrivent en toute hâte» (DRA). Ils ne pouvaient abandonner leurs troupeaux très longtemps. Mais ils devaient voir le Messie. Si Marie avait accouché dans une demeure privée derrière des portes closes, les bergers auraient eu de la difficulté à le trouver. Mais un nouveau-né dans une mangeoire? Il ne devait sûrement pas y en avoir plus d'un à Bethléem cette nuit-là.

Quand Marie et Joseph levèrent les yeux et virent les bergers qui approchaient, ils durent avoir un moment d'inquiétude, jusqu'à ce que les hommes leur expliquent qu'ils étaient envoyés par un ange. Pensez au sentiment d'étonnement et de soulagement qui a dû submerger le couple. *Un ange!* Cet enfant était vraiment le Fils de Dieu. De plus, le Tout-Puissant était encore présent dans leurs vies, veillant toujours sur eux, prenant encore soin d'eux.

Pour le bien de Marie et le leur aussi, les bergers ne prolongèrent pas trop leur visite. Ils regardèrent, s'émerveillèrent. Puis il fut temps de partir.

«Quand ils le virent...» *Luc 2,17*

Ce «le» — ou «lui» dans certaines traductions — est implicite dans la version grecque originale. Ils avaient simplement *vu*. Leurs yeux s'étaient ouverts. Ils avaient eu la preuve vivante. «Voir était croire» (MSG) pour ces hommes simples des collines. «L'ayant vu, ils comprirent» (DRA) et ils n'hésitèrent pas à en parler à d'autres.

> «... ils firent connaître ce qui leur avait été dit au sujet de cet enfant.» *Luc 2,17*

La Bible n'indique pas combien de bergers «devinrent les premiers prêcheurs de la bonne nouvelle[41]», mais soyez assurés que cela fut suffisant. Sélectionnés par Dieu lui-même, «ils répandirent à la ronde» (WEB) tout ce qu'ils avaient vu et entendu.

> *Soyons comme les bergers et allons à la rencontre de tous ceux qui sont prêts à écouter!*
>
> — TOSIN

Les bergers avaient entendu, avaient vu, et ils étaient alors prêts à l'annoncer au monde. Habituellement, nous avons aussi d'abord entendu l'Évangile, puis nous l'avons vu en action avant de pouvoir dire de tout notre cœur : «Je sais bien, moi, que mon rédempteur est vivant[42].»

> «Et tous ceux qui les entendirent furent étonnés de ce que leur disaient les bergers.» *Luc 2,18*

Sans blague! Les gens furent «stupéfaits» (AMP), «étonnés» (NLV) et «impressionnés» (MSG) par leurs récits. Même si ces hommes devaient être plus à l'aise sur les collines avec les moutons que parmi les citadins, il leur fallait répandre l'heureuse nouvelle. Mais qu'en était-il de Marie? Parcourait-elle Bethléem, annonçant à tout venant la naissance du Fils de l'homme? Non, ce n'est pas ce qu'elle faisait.

«Quant à Marie, elle retenait tous ces événements en en cherchant le sens.» *Luc 2,19*

Marie se concentra aux soins à accorder à son bébé pendant qu'elle conservait tout ce qu'elle avait vu et fait «comme un trésor secret dans son cœur» (NIRV). Certaines femmes aiment parler de leurs expériences; d'autres préfèrent l'approche de Marie : «réfléchir et peser» (AMP), les «mûrir» (CJB) et «essayer de les comprendre» (ERV).

Parfois, Dieu accomplit un travail si profond en nous et à travers nous qu'il semblerait prétentieux de s'en ouvrir aux autres. Même si nous disons : «Regardez ce que Dieu a fait», d'aucuns entendront plutôt : «Regardez ce que j'ai fait» ou «Voyez comme je suis un être à part!».

Comme toujours, Dieu sait bien faire les choses. Les bergers étaient exubérants alors que la mère de Jésus était réservée. D'autres se chargeraient de répandre cette histoire à tous les vents, enveloppant la terre de sa vérité. Marie fut identifiée comme étant sa mère — ni plus ni moins. Elle veillait sur lui, le nourrissait, lui enseignait ce qu'elle savait de son Père céleste.

Parmi les choses qu'elle gardait précieusement, «les conservant au plus profond d'elle-même» (MSG), il y avait l'impressionnante liste d'attributs révélés par Gabriel au sujet de cet enfant. Et le premier était : «Il sera grand et sera appelé Fils du Très-Haut[43].» Dès qu'elle tenait son enfant, ces propos angéliques lui venaient sûrement à l'esprit. Il n'avait pas l'air d'un monarque, mais un jour, il serait appelé «le Seigneur des seigneurs et le Roi des rois[44]». Il n'avait pas la force de lever la tête, encore moins de se tenir sur ses pieds, pourtant il serait Celui qui «peut vous garder de toute chute et vous faire paraître sans défauts et pleins de joie en sa glorieuse présence[45]».

Oh, que je voudrais être comme Marie — paisible, humble, consentante, obéissante, consciencieuse!

— SHERRY

Comme Marie qui avait «mémorisé toutes ces choses» (CEB), nous pouvons faire de même — pas seulement à Noël, mais toute l'année — en pensant à qui était vraiment Jésus et pourquoi il est venu sur terre comme un bébé enveloppé dans des langes.

Il est venu pour ceux qu'il aime.

Il est venu pour vous.

«Puis les bergers s'en retournèrent, chantant la gloire et les louanges de Dieu pour tout ce qu'ils avaient entendu et vu, en accord avec ce qui leur avait été annoncé. » *Luc 2,20*

Ils n'abandonnèrent pas leurs troupeaux au bout du compte. Ayant proclamé la bonne nouvelle lors de leur brève randonnée en mission, ils « rentrèrent chez eux » (CEB) et « revinrent à leurs moutons » (ERV), toujours louant Dieu et « le remerciant pour tout » (NCV). Comme la femme au puits qui avait rencontré Jésus, puis s'en fut à la ville[46], les bergers rentrèrent à l'endroit où on les connaissait, et là, ils firent connaître le Christ.

Et qu'en est-il de la douce Marie ? Louait-elle Dieu aussi ?

Quand une jeune femme en santé met au monde un enfant, elle a besoin de temps pour s'habituer à sa nouvelle condition de mère, et il en faut aussi à son corps pour récupérer. Joseph a peut-être été en mesure de trouver un endroit plus convenable pour les loger au sein d'une caravane ou dans une caverne. Quand les bergers eurent répandu la nouvelle, vous pouvez être sûrs que d'autres vinrent voir cette petite famille, afin de savoir si ce récit extraordinaire pouvait être véridique.

Marie jouait peut-être le rôle d'hôtesse dans son logis temporaire, permettant aux visiteurs de jeter un coup d'œil sur le Fils de Dieu — endormi, sans doute, car les nouveau-nés ne sortent de leur sommeil que le temps de se nourrir. Marie dut passer de nombreuses heures à admirer Jésus, à caresser doucement sa joue, à baiser ses minuscules poings et à se demander ce que l'avenir lui réservait.

«Il vous est né aujourd'hui, dans la ville de David, un Sauveur[47].»

Oui, il était né. Votre Sauveur et le mien. Tout cela parce qu'une femme a dit oui à Dieu.

Sept

Et nos yeux enfin le verront,
À travers son amour qui nous rachète ;
Car cet Enfant si doux et gentil,
Est notre Seigneur des cieux là-haut,
Et il conduit ses enfants,
Au lieu où il est parti.

— CECIL FRANCES ALEXANDER,
ONCE IN ROYAL DAVID'S CITY, 1849

Et nos yeux enfin le verront

Pour nous, un Enfant de Dieu est né. Pour nous, un Fils de Dieu fut donné. Pourtant, Marie fut celle qui l'a allaité, a lavé ses langes et l'a bercé pour l'endormir. C'est elle qui a étudié tous les plis de son corps et chaque fossette de son visage, qui connaissait l'odeur de sa peau et pouvait reconnaître les notes distinctes de ses pleurs.

Une nouvelle mère s'efforce de se protéger du monde extérieur tandis qu'elle crée des liens avec son enfant. Mais du temps était un luxe dont Marie ne disposait pas. Avant même que les bergers ne soient partis, un autre groupe d'hommes s'étaient déjà mis en route à la recherche du Messie.

Les érudits diffèrent d'opinion sur le moment précis de l'arrivée des rois mages. Était-ce peu après la naissance du Christ ? Quelques mois après ? Deux ans plus tard ? Peu importe le moment de leur apparition, c'est avec eux que nous passerons quelque temps maintenant afin d'apprécier leur contribution à cette histoire — qui fut bien plus importante que l'or, l'encens et la myrrhe qu'ils apportaient.

> «Jésus étant né à Bethléem de Judée, au temps du roi Hérode, voici que des mages venus d'Orient arrivèrent à Jérusalem...» *Matthieu 2,1*

Les scènes de la crèche présentent généralement trois hommes vêtus d'habits royaux, une image peut-être inspirée du cantique de Noël victorien *Nous sommes trois rois venus d'Orient*. Pourtant, certains historiens de l'Antiquité croyaient qu'il aurait pu y avoir jusqu'à quatorze mages. Peu importe leur nombre, ces hommes riches et influents venaient vraisemblablement de la Perse ancienne — l'Iran moderne — et ils voyagèrent plus de seize cents kilomètres vers l'ouest pour arriver en Israël, un trajet de plusieurs mois[1].

Plutôt que des rois, la Bible les décrit comme étant «un groupe d'astrologues» (PHILLIPS), «une confrérie d'érudits» (MSG) ou plus simplement des «sages» (CEV). Le mot «mage» a la même racine que «magique», quoiqu'il n'y eût rien de noir ni de sinistre à propos de ces gentilshommes qui «étudiaient les étoiles» (GNT), connaissant Celui qui les avait faites[2].

Après être arrivés à Jérusalem, les mages expliquèrent à Hérode qu'ils étaient venus en pèlerinage, cherchant le nouveau roi des Juifs qui venait de naître.

> «Nous avons vu son astre à l'orient et nous sommes venus lui rendre hommage.» *Matthieu 2,2*

Alors que les scientifiques essaient encore d'établir ce que les mages ont bien pu voir — une comète, une planète, un météore, etc. —, nous voyons que Dieu a employé un signe idéal pour attirer l'attention d'un groupe d'observateurs des astres : «... une bougie placée là dans le but exprès de les guider vers le Christ[3]». Celui qui avait rempli le ciel de milliers d'anges pouvait sûrement placer une étoile d'un éclat surnaturel au firmament pour annoncer la naissance de son Fils.

«À cette nouvelle, le roi Hérode fut troublé, et tout Jérusalem avec lui.» *Matthieu 2,3*

La naissance d'un roi n'est jamais une bonne nouvelle pour celui qui occupe déjà cette fonction. Hérode fut «alarmé» (NET), même «terrifié» (MSG). Il convoqua ses grands prêtres et leur demanda où ce roi devait naître. «À Bethléem, répondirent-ils, citant le prophète Michée, car c'est de toi que viendra un chef qui conduira mon peuple, Israël[4].»

Eh bien.

Hérode rencontra secrètement les mages et s'informa auprès d'eux du moment précis de l'apparition de l'étoile. Il envoya ensuite les voyageurs devant à Bethléem, leur demandant de trouver l'enfant et de revenir ensuite lui dire où il était, afin qu'il puisse lui rendre hommage à son tour. Mais ils avaient percé à jour ses intentions. Un homme assez cruel pour exécuter sa femme et deux fils ne s'agenouillerait jamais devant un nouveau-né.

Les mages continuèrent leur route, suivant fidèlement l'étoile jusqu'à ce qu'elle s'immobilise dans le ciel. Voilà un vrai miracle. Toutes les étoiles semblent se déplacer parce que la terre tourne sur son axe. Mais cette étoile-là s'arrêta soudainement «au-dessus de l'endroit où était l'enfant[5]». Pas étonnant que les mages «éprouvèrent une très grande joie[6]»!

> «Entrant dans la maison, ils virent l'enfant avec Marie, sa mère...» *Matthieu 2,11*

Quelque temps s'était écoulé, en effet, puisque les mages ne se présentèrent pas à l'entrée d'une étable, ni devant un appentis, ni à la bouche d'une caverne, mais au seuil d'une véritable maison, comme le mot grec *oikian* nous l'assure. Et Jésus n'était plus un nourrisson, un *brephos*, mais un *paidíon*, ce qui signifie un «enfant que l'on élève», assez vieux pour comprendre les règles et être éduqué.

Imaginez notre jeune campagnarde levant les yeux vers ces mages richement vêtus qui apportaient des présents dignes d'un roi. Quand les bergers étaient accourus en parlant d'anges, Marie savait déjà que son enfant était le Fils de Dieu. Maintenant, de puissants sages venaient de franchir de vastes distances à la recherche d'un roi, reconfirmant ce que Gabriel avait dit : «Le Seigneur lui donnera le trône de David, son père[7].»

La signification de ces visites n'aurait pu être plus claire : Jésus était venu pour le monde entier, les gens d'ici et de là-bas, riches et pauvres, Juifs et gentils, serviteurs et rois. Les mages étaient venus non pas pour vénérer Marie, mais pour rendre hommage à son fils.

« … et, se prosternant, ils lui rendirent hommage… » *Matthieu 2,11*

Oh, comme nous allions suivre leur exemple ! « Ils se mirent à genoux pour l'adorer » (CEB). Bien qu'il ne fût qu'un enfant, ces sages hommes s'abaissèrent en sa présence et offrirent à Jésus le respect qui lui était dû.

« … puis ouvrant leurs coffrets, ils lui offrirent en présent de l'or, de l'encens et de la myrrhe. » *Matthieu 2,11*

Leurs présents étaient bien choisis : de l'or pour un roi, de l'encens pour un prêtre et de la myrrhe pour un enterrement, évoquant le sacrifice à venir. Dieu pourvoyait aussi aux besoins de son Fils, à ceux de Marie et de Joseph.

Laissant les cadeaux aux pieds de Jésus, les mages rentrèrent par une autre route plutôt que de retourner à Jérusalem. Ces Persans-là n'étaient pas soumis aux désirs d'Hérode.

Dans les années à venir, Marie repenserait sûrement à chaque moment de leur remarquable visite, se remémorant les paroles prononcées, l'expression de leurs visages, les coffres ouverts remplis de trésors et les présents déposés aux pieds de son fils. Il n'est plus fait mention ensuite des mages dans les Écritures, mais Marie n'oublierait jamais ce jour où elle les accueillit à Bethléem.

Allons maintenant la rejoindre une semaine après la naissance de Jésus. Nous la trouvons en train de le baigner en prévision de la cérémonie qui le marquera comme fils d'Israël.

> « Huit jours plus tard, quand vint le moment de circoncire l'enfant… » *Luc 2,21*

Tout juste, c'est le « *b'rit-milah* » (cjb). Élisabeth l'avait vécu avec le petit Jean. Il ne s'agit pas simplement d'exciser le prépuce. La circoncision se veut un signe physique, extérieur, d'une profonde valeur spirituelle : « Mon alliance deviendra dans votre chair une alliance perpétuelle[8]. »

Pourquoi le huitième jour ? La médecine moderne nous donne un indice. Huit jours après la naissance d'un enfant mâle, son foie produit un niveau élevé de prothrombine, permettant au sang de coaguler rapidement[9]. Notre Dieu, sage et aimant, fait tout avec à-propos.

Quand le sang de l'enfant saint eut coulé, alors seulement son nom lui fut donné.

> « … on l'appela du nom de Jésus… » *Luc 2,21*

Dans l'Ancien Testament, les fils étaient nommés dès la naissance. Mais dans le Nouveau Testament, la circoncision et l'attribution du nom en public se faisaient en même temps, du moins ce fut le cas pour Jean et ensuite notre Sauveur. En accord avec les directives des anges, Marie et Joseph appelèrent leur fils Jésus, ce qu'il était, ce qu'il est et sera toujours.

> «... comme l'ange l'avait appelé avant sa conception.» *Luc 2,21*

Luc nous rappelle que le nom de Jésus fut choisi avant sa naissance, ce qui signifie qu'il avait été décidé avant que Marie n'accepte le plan de Dieu. Non seulement avait-elle foi en Lui, mais Dieu aussi avait foi en elle.

Autant Dieu savait de quelle manière la vie de son Fils allait se dérouler sur terre, autant il connaît le destin qui nous attend. Rien n'est une surprise pour lui. Quand nous chutons, peu importe la sévérité de la faute, il nous tend la main, nous remet sur pied et nous embrasse affectueusement.

Son Fils a rendu cela possible. Nous, qui en sommes les moins dignes, sommes aussi les plus reconnaissants.

La paix, pour moi, est d'entrer dans l'inconnu et l'inattendu, sachant que mon Père a planifié chaque partie de ma vie avant même ma naissance.

— RHETTA

Dans l'antique Bethléem, Marie tenait le Sauveur du monde, regardant son enfant avec révérence et émerveillement. Une semaine auparavant, il grandissait dans son sein ; maintenant, il était blotti dans ses bras.

«Puis quand vint le jour où, suivant la loi de Moïse, ils devaient être purifiés…» *Luc 2,22*

Un mois complet s'était écoulé depuis sa circoncision. À présent, Marie devait observer un «rituel de purification» (CEB), obéissant à ce que «la loi de Moïse ordonnait à toutes les mères» (CEV). Nommément, après la naissance d'un fils, elle devait attendre quarante jours afin d'être purifiée de son saignement[10], période au cours de laquelle elle ne pouvait rendre le culte au sanctuaire ni toucher quoi que ce soit de sacré — à l'exception du Fils de Dieu.

Ces quarante jours passés, Marie et Joseph étaient maintenant libres d'entrer dans les cours du temple. Puisque Bethléem n'est qu'à huit à dix kilomètres de Jérusalem, la petite famille s'est probablement mise en marche dès l'aube pour éviter la chaleur de la journée. J'imagine que Marie portait son enfant dans un foulard noué autour de ses épaules, comme j'ai installé notre fils dans un porte-bébé ventral, tout près de mon cœur. Au chaud, douillet, en sécurité.

«… ils l'emmenèrent à Jérusalem pour le présenter au Seigneur…» *Luc 2,22*

Il y a quelque chose de merveilleux au sujet de Jésus, le Fils, que l'on présente à Dieu, le Père. Quoique Dieu soit esprit, et non chair, cela dut être d'une certaine manière comme de regarder dans un miroir.

« … ainsi qu'il est écrit dans la loi du Seigneur :
Tout garçon premier-né sera consacré au Seigneur…»
Luc 2,23

Parce que Marie et Joseph étaient des gens qui craignaient Dieu, «ils suivirent à la lettre les enseignements du Seigneur» (GOD'S WORD) et se rendirent au temple, où Jésus serait «séparé des autres, offert au Seigneur et déclaré saint devant Dieu» (AMP). Bien qu'il fût déjà saint, Jésus fut traité comme n'importe quel nouveau-né d'Israël. Et même si sa mère était déjà pleine de grâce, elle devait suivre les rites de purification nécessaires.

« … et pour offrir en sacrifice, suivant ce qui est dit dans la loi du Seigneur, "un couple de tourterelles ou deux petits pigeons".» *Luc 2,24*

Un autre commandement à suivre pour une nouvelle mère afin de se purifier de son flot de sang selon le cérémonial d'usage. Le sacrifice de choix était celui d'un agneau d'un an, offert en holocauste, et d'un jeune pigeon ou d'une colombe pour le rachat des péchés. Mais si une femme était incapable d'offrir un agneau en sacrifice — et il était clair que Marie ne le pouvait pas —, des colombes ou des pigeons devaient suffire[11].

Pensez-y! Marie n'avait pas apporté d'agneau sacrificiel, pourtant elle tenait dans ses bras l'Agneau de Dieu, qui enlèverait les péchés du monde. Il avait été dit avec justesse qu'«il n'y a aucun déshonneur dans l'état dans lequel Dieu nous a placés[12]». Marie était humble, mais elle n'avait pas honte. Elle avait apporté ce qu'elle pouvait. Dieu ne demandait pas davantage.

La porte Nicanor de la cour d'Israël où les sacrifices étaient offerts était ouverte depuis l'aube. Joseph était allé porter les deux oiseaux de Marie — domestiqués, et non sauvages, et sans tache — afin qu'ils soient sacrifiés sur l'autel, pendant qu'elle attendait avec son fils dans la cour des femmes[13].

Quelqu'un l'avait-il remarquée ou avait-il quelque raison de le faire? Une pauvre femme qui portait un bébé emmailloté. Marie était une jeune fille de la campagne qui n'avait pas l'habitude des esplanades bondées du temple. Si même on la regardait, c'était probablement de haut. Pourtant Dieu la voyait, comme il nous voit quand nous nous sentons négligés, rejetés et ignorés.

«Car le Seigneur promène ses yeux sur toute la terre pour soutenir ceux dont le cœur est entièrement à lui[14].» Voilà qui décrirait certainement la situation de notre Marie.

Quand le service sacrificiel prit fin et que Joseph fut de retour auprès de sa femme, le couple devait sans doute regarder les grandes portes avec soulagement, impatient de rentrer en Galilée pour reprendre sa vie. Le nuage de suspicion qui avait peut-être flotté au-dessus de leur mariage s'évaporerait sûrement quand les gens de Nazareth verraient leur mignon petit bébé.

Entre-temps, deux personnes à l'intérieur du temple avaient longtemps attendu pour voir l'enfant. L'une d'elles était Anne, dont nous ferons connaissance au prochain chapitre. Et l'autre était cet homme :

« Or, il y avait à Jérusalem un homme du nom de
Syméon. » *Luc 2,25*

Peut-être lui avait-on donné le nom du deuxième fils de
Jacob et Léa. Ou ce nom avait pu être choisi parce que le
mot hébreu *shama* signifie « il a entendu ». On ne nous
dit rien au sujet des antécédents de Syméon, seulement
comment il s'appelait. Rien sur son clan, ni sur son rang,
ni sur sa famille. Mais nous savons où il se situait sur le
plan spirituel.

« Cet homme était juste et pieux… » *Luc 2,25*

Comme Zacharie, Syméon était un homme « juste et
vertueux » (WYC), qui « observait prudemment et scrupu-
leusement la loi divine » (AMP). Pourtant, à l'opposé de
Zacharie, qui exigeait des preuves de la bonté de Dieu,
Syméon se contentait d'écouter et d'attendre. Son oreille
était à l'écoute de la voix de Dieu. Ses yeux scrutaient
l'horizon pour voir le Messie, car il savait qu'il arrivait.

« … il attendait la consolation d'Israël… »
Luc 2,25

Habituellement, nous consolons les gens qui sont tristes
ou qui ont perdu un être cher. Qu'est-ce que le peuple de
Dieu avait perdu ? Il avait perdu sa voie, comme notre
génération a perdu la sienne. Nous nous tournons les
uns vers les autres pour trouver des réponses, quand
Dieu seul peut offrir la sagesse dont nous avons besoin.
Nous fondons notre valeur sur nos possessions

matérielles et notre rang social, quand tout cela peut être balayé comme fétus de paille au vent, nous laissant les mains vides.

Pour ce qui est des Israélites, ils adoraient de faux dieux, vénéraient des idoles, tournaient le dos au Tout-Puissant et faisaient ce qui paraissait juste à leurs propres yeux. À ce moment-là, ils avaient besoin d'être consolés et désiraient ardemment être rachetés. Tout comme nous.

Sauve-nous, Seigneur. Sauve-nous de nous-mêmes.

Pendant des siècles, le peuple de Dieu avait « attendu ardemment que le Messie vienne et sauve Israël » (NLT). En hébreu, *Messiah* signifie « l'Oint », tout comme le mot grec *Christos*. Par le Christ Jésus viendrait « la restauration d'Israël » (CEB).

C'est pourquoi notre bon Syméon attendait le Messie. Mais bien des gens passaient par l'esplanade du temple à Jérusalem. Comment Syméon a-t-il reconnu l'Enfant Jésus ?

« … et l'Esprit Saint était sur lui. » *Luc 2,25*

Voilà. Ce ne fut ni la bonté de Syméon ni même sa patience qui lui permirent de reconnaître l'Oint du Seigneur. « Son cœur était ouvert au Saint-Esprit » (PHILLIPS). Le même Esprit Saint qui était descendu sur Marie. Le même Esprit Saint qui avait rempli Élisabeth, Zacharie et leur fils, Jean. Le même Esprit Saint qui est à l'œuvre dans la vie des croyants d'aujourd'hui. « Dieu a répandu son amour dans nos cœurs par le Saint-Esprit qu'il nous a donné[15]. »

L'Esprit Saint est tout yeux tout oreilles. Dans la noirceur, il répand la lumière. Il révèle la vérité. Et il parle de l'avenir avec autorité.

La vie même de Syméon dépendait du Saint-Esprit.

«Il lui avait été révélé par l'Esprit Saint qu'il ne verrait pas la mort avant d'avoir vu le Christ du Seigneur.» *Luc 2,26*

Le Saint-Esprit le lui avait «divinement révélé» (YLT). Oui, mais comment? A-t-il entendu une voix? Lu un message sur un mur? Aperçu une étoile dans le ciel? Était-ce une visite angélique? Un buisson ardent? Un âne qui parle? Un songe bouleversant? Depuis les jours d'Adam et Ève, Dieu a utilisé ces méthodes originales de communication. Quand l'Esprit Saint fait une révélation, il n'y a pas de doute sur la source ni sur la teneur du message. Il résonne comme un carillon dans nos cœurs : une seule note claire et pure. *Oui.*

Syméon savait que la révélation provenait de Dieu, qui l'avait assuré qu'«il ne mourrait pas avant d'avoir vu l'Élu de Dieu» (NLV). Syméon avait anticipé ce moment, parfaitement conscient que la mort suivrait rapidement cette vision divine. Un vrai dilemme — à moins que l'homme n'eût aucune peur de la mort.

C'est peut-être en raison de cette référence à la mort que tant les érudits que les gens ordinaires ont cru que Syméon était vieux, même si son âge n'est pas mentionné dans la Bible. Il aurait pu avoir trente, cinquante ou soixante-dix ans. Et peut-être même quatre-vingt-dix ans.

> *À plusieurs reprises, je me suis dit qu'une personne plus jeune devrait se charger de mes ministères, mais je comprends que le calendrier de Dieu est parfait et que c'est à mon tour de servir selon mes capacités.*
>
> — KAREN

Ce que nous savons avec certitude, c'est que Syméon était animé par l'Esprit Saint et qu'il avait reçu la faculté de parler « de choses qui le dépassaient[16] », qu'il n'aurait pu savoir sans qu'elles lui aient été divinement révélées.

« Il vint alors au temple poussé par l'Esprit... »
Luc 2,27

Puisque Marie était présente, cela devait être « dans cette partie du temple où le culte public était généralement célébré — dans la cour des femmes[17] ». Nous pouvons presque sentir le cœur de Syméon marteler sa poitrine tandis qu'il se hâtait sur la vaste esplanade ouverte « guidé par l'Esprit » (NRSV). *Montrez-moi, Seigneur. Indiquez-moi le chemin. Je sais que le Messie est ici !*

« ... et quand les parents de l'Enfant Jésus l'amenèrent pour faire ce que la Loi prescrivait à son sujet... » *Luc 2,27*

Ma foi, on a beaucoup mis l'accent sur la loi divine depuis quelques versets. Dieu veut que nous sachions que son Fils honorait la loi de Moïse, car il n'était pas venu seulement pour l'observer, mais pour la surpasser.

«Si la loi fut donnée par Moïse, la grâce et la vérité vinrent par Jésus-Christ[18].»

Marie et Joseph durent être surpris, car ils n'étaient venus à Jérusalem que pour accomplir «ce qui doit être fait pour tout nouveau-né» (CEV), selon la loi.

Soudain, cet étranger souriant les salua et voulut prendre leur fils.

«... il le prit dans ses bras...» *Luc 2,28*

Arrêtons-nous ici. Si un parfait inconnu s'était avancé pour m'ôter mon bébé des bras, je me serais transformée en une maman ours grondante en un clin d'œil. Seul le Saint-Esprit put ouvrir les mains de Marie afin de permettre à Syméon de prendre l'enfant.

C'étaient peut-être les yeux de l'homme, illuminés par l'amour de Dieu. Ou son sourire, brillant comme le soleil. Ce furent peut-être les larmes ruisselantes sur les joues de Syméon ou la douceur de ses manières qui éveillèrent la confiance de Marie. Il devait y avoir des témoins autour d'eux, qui connaissaient la réputation de l'homme beaucoup mieux qu'elle et qui hochaient la tête d'approbation, ce qui rassura Marie sur ses intentions.

Quoi qu'il en soit, il parvint à ses fins. Syméon le «reçut dans ses bras» (ASV) et posa l'enfant «aussi près qu'il le put de son cœur qui débordait de joie[19]». Qu'il ait attendu fébrilement toute sa vie ou seulement depuis la conception du Messie, Syméon ne pouvait attendre une seconde de plus pour exprimer sa gratitude.

«... et il bénit Dieu dans ces termes...» *Luc 2,28*

Syméon avait compris : ouvrez la bouche, louez le Seigneur.

« ... "Maintenant, Maître, c'est en paix, comme
tu l'as dit..." » *Luc 2,29*

Dans plus d'une demi-douzaine de traductions en langue anglaise, les mots de Syméon apparaissent en vers poétiques plutôt qu'en prose. C'est donc un autre chant. Un nouvel épanchement enthousiaste inspiré par le Saint-Esprit. Et un autre nom latin, *Nunc Dimittis*, pour les premiers mots de son cantique : « Maintenant, retire-toi. »

Syméon commence sagement par reconnaître la souveraineté de Dieu, l'appelant « Maître » (NRSV), « Législateur » (KNOX) et « Roi du monde » (NIRV). Puis il rappela au Seigneur que « selon ta parole » (CEB), il était désormais prêt à mourir en homme heureux.

« ... que tu renvoies ton serviteur. » *Luc 2,29*

Woody Allen a dit un jour : « Je n'ai pas peur de la mort. Je veux seulement ne pas être là quand cela arrivera. » Syméon était là. Il s'était préparé pour ce moment et était assurément prêt « à quitter ce monde » (AMP).

L'assurance que Dieu fait tout au bon moment m'aide
à avoir davantage confiance en lui, à ne pas douter
du bon cours des choses.

— SHERRY

Comment Syméon pouvait-il être si calme face à la mort ? Parce qu'il savait qu'Israël était en sécurité entre les mains de Dieu. Et lui aussi.

« Car mes yeux ont vu ton salut... » *Luc 2,30*

Syméon regardait un bébé qui n'avait pas plus de six semaines. Il jetait en même temps un regard sur l'éternité. Par la puissance de l'Esprit Saint, Syméon a tout vu. La croix. Le tombeau. La résurrection. « Mes yeux ont vu Celui qui sauvera les hommes du châtiment pour leurs péchés » (NLV), proclama-t-il. Encore une profession de foi — après celles d'Élisabeth et de Marie —, faite trois décennies avant le début du ministère terrestre du Christ. « Mes propres yeux ont vu ta puissance salvatrice » (KNOX), a déclaré Syméon au Dieu qu'il aimait.

Voyez-vous ce que je vois ? Miracle après miracle. Il y a tant d'apparitions angéliques, tant de prophéties réalisées, tant de vies changées par l'Esprit de Dieu que si nous n'avions pas entièrement confiance en la parole de Dieu, nous trouverions toute l'histoire trop fantastique pour être crue. Mais « la parole du Seigneur est droite, et toute son œuvre est sûre[20] ». Ce n'est pas un conte de fées, ni une légende, ni une histoire qu'on raconte aux enfants pour les endormir. C'est le véritable Noël. Le Messie vient pour libérer son peuple.

« ... que tu as préparé face à tous les peuples... »
Luc 2,31

Du point de vue de Syméon, «tout était maintenant exposé au grand jour afin que tous le voient» (MSG). Malgré tout, certaines personnes passaient sans s'arrêter dans les cours du temple, trop affairées pour remarquer le bon et pieux Syméon, sans parler de reconnaître le Sauveur dans ses bras. Ce n'est que lorsque l'Esprit Saint nous habite pleinement que l'on peut voir ce qui compte pour Dieu.

«... lumière pour la révélation aux païens...»
Luc 2,32

Quand on parle de regard sur l'éternité! Syméon apprend à ses parents médusés que leur enfant est venu «tant pour les gentils* que pour Israël[21]». Le prophète Ésaïe avait dit la même vérité des siècles auparavant, en évoquant Celui qui serait «la lumière pour la révélation aux païens[22]».

«... et gloire d'Israël ton peuple.» *Luc 2,32*

Encore plus de lumière, plus d'«éblouissante grandeur» (NLV) apportant «louanges, honneur et gloire à ton peuple Israël» (AMP). C'était assurément l'Esprit Saint qui parle ici. Le message était profond; les mots, éloquents. Comme ce fut le cas pour les trois autres chants prophétiques que nous avons entendus de la part d'Élisabeth, de Marie et de Zacharie — les premiers cantiques de Noël, si l'on veut —, les exclamations lyriques de Syméon durent attirer une grande foule.

---

* N.d.T.: Nom que les juifs et les premiers chrétiens donnaient aux païens.

« Le père et la mère de l'enfant étaient étonnés de ce qu'on disait de lui. » *Luc 2,33*

Qu'ils se soient souvenus ou non de la prophétie d'Ésaïe en entendant Syméon, Marie et Joseph furent « stupéfaits » (CEB), et ils « s'interrogèrent sur tout ce qui avait été dit de lui » (KNOX). Comment auraient-ils pu absorber tout cela ? Dix mois auparavant, Marie avait reçu l'annonce stupéfiante d'un ange au sujet d'un fils qu'elle porterait. Peu après, Joseph l'avait vu en songe. Mais voilà qu'un homme respecté sur l'esplanade du temple appelait leur bébé « la lumière du monde ».

Si nous filmions la scène, la caméra se retirerait lentement, toujours centrée sur l'expression « étonnée » (LEB) de leur visage. Nous verrions cet humble couple, vêtu de simples vêtements de la campagne, debout au milieu d'une foule qui incluait l'élite de Jérusalem dans ses plus beaux atours.

Un couple pauvre au milieu des riches ? Non. Un couple riche au milieu des pauvres. Dans les bras de Syméon se trouvait le plus beau trésor qu'il y aurait jamais dans le monde.

« Syméon les bénit et dit à Marie, sa mère… » *Luc 2,34*

D'abord, Syméon « prononça une baraka pour eux » (OJB), une bénédiction destinée aux deux parents. Mais les mots qui suivirent étaient spécialement destinés à Marie. Peut-être qu'instruit par le Saint-Esprit, il savait que Joseph n'était pas le père véritable de l'enfant. À moins que Syméon ait voulu préparer la jeune mère aux déchirements à venir.

«Il est là pour la chute ou le relèvement de beaucoup en Israël...» *Luc 2,34*

Pourquoi cette sombre prophétie était-elle directement adressée à Marie? Parce que Dieu l'a voulu ainsi. Il connaissait son cœur, savait ce qu'elle était capable de supporter. De plus, Joseph n'est pas mentionné à la fin du ministère du Christ sur terre. Peut-être n'a-t-il pas vécu assez longtemps pour voir que «bien des gens en Israël seraient condamnés et bien d'autres seraient sauvés» (GOD'S WORD) à cause de leur enfant.

Des mots forts, mais Syméon n'avait pas encore fini.

«... et pour être un signe contesté...» *Luc 2,34*

Eh bien, Jésus aurait une grande influence, mais il ne serait pas toujours aimé. En fait, il serait comme un «signal d'avertissement» (CEV), certain d'être «incompris et contredit» (MSG), le genre d'homme qui «suscite de l'opposition» (CEB). Avant que tout soit consommé, Syméon prévint Marie que «beaucoup le rejetteraient» (CEV).

Des mots difficiles à entendre pour une mère. Cet étranger, malgré sa bonté, avait commencé par louer Dieu et prophétisait maintenant un avenir sombre pour son fils.

«... ainsi seront dévoilés les débats de bien des cœurs...» *Luc 2,35*

Il serait donc lui aussi un prophète, sondant «les cœurs et les reins» (CEB), révélant «ce que les gens pensent vraiment» (CEV). Voilà tout à fait Dieu. Quand nous sommes face à face avec Jésus, il ne sert à rien de vouloir cacher nos vrais sentiments. «Ce que les hommes pensent sera connu» (WE). Parce que Dieu aime les siens, il perce notre armure, révèle nos côtés sombres et nous offre la puissance purificatrice de sa grâce.

Pour ceux qui ne veulent pas que leurs péchés soient exposés, un tel prophète serait une calamité. C'était vrai alors, ce l'est encore aujourd'hui.

«... et toi-même, un glaive te transpercera le cœur.» *Luc 2,35*

Est-ce que Syméon a baissé la voix en disant cela? Ou a-t-il délicatement remis le Christ dans les bras de Marie afin de lui offrir un réconfort immédiat? Il fit sûrement quelque chose pour alléger le coup dur qu'il allait lui porter en disant : «Et toi, Marie, tu souffriras comme si on t'avait planté un poignard au cœur» (CEV). En effet, chère Marie, «le chagrin, comme une épée affûtée, te fendra le cœur» (GNT).

Les mêmes mots sont employés dans 1 Samuel 17,51 pour décrire la grande épée portée par Goliath, le géant[23]. Non pas une épée métaphorique ou une épée cérémoniale suspendue au mur du palais d'Hérode, mais une vraie lame. Une arme mortelle.

La peur du lendemain se tapit à ma porte, mais je sais que c'est Dieu qui règne et qu'il a un plan.

— CATHY

Je suis heureuse que Marie n'ait pas connu ce jour-là l'avenir qui était réservé à son fils. À la fin de sa courte existence, Jésus serait crucifié, la plus ignoble et humiliante des morts. Alors qu'il était encore cloué à la croix, on lui enfonça une lance dans les côtes et «aussitôt s'écoulèrent du sang et de l'eau[24]». Marie observerait chaque minute de son agonie. Elle sentirait sûrement la pointe de cette lame comme si elle perçait sa propre chair.

Oh, Marie, chère Marie. Tu avais déjà fait le sacrifice de ton corps pour porter l'enfant de Dieu.

Elle n'aurait jamais pu imaginer que le plus terrible sacrifice était encore à venir. Ce jour-là, à Jérusalem, Marie dut être ébranlée par les propos de Syméon. Une merveilleuse nouvelle de prime abord, suivie par les terribles paroles. *Une épée. Une épée.*

Ce furent les dernières paroles consignées de Syméon. Bien que la Bible n'en dise rien, il dut mourir dans l'heure — en paix, sa mission accomplie, son travail terminé. Ou peut-être a-t-il vécu une autre décennie, sans cesser de louer Dieu.

Quand les circonstances de la vie menacent de me dépasser, je me souviens de la réaction de Marie au plan de Dieu — qui signifiait un prix énorme pour elle, tant de souffrances, sans comprendre toutes les intentions du Seigneur. Son exemple d'une foi simple mais totale m'a soutenue pendant bien des heures difficiles.

— Robin

Si votre cœur s'est alourdi en pensant à tout ce que la jeune Marie a dû supporter, consolez-vous. Son histoire n'est pas encore finie.

À cet instant précis, dans la cour du temple, s'avança une femme au moment où elle était le plus nécessaire. Pour réconforter Marie et lui rappeler que Dieu ne l'avait pas oubliée — qu'il ne l'oublierait jamais — comme il n'oubliera jamais aucun d'entre nous.

Pour tous ces moments de la vie de Marie où des nuages de peur voilaient ses pensées et où son avenir semblait sombre, pensez aux paroles de Pierre, qui connaissait et aimait le fils de Marie, Jésus : « Déchargez-vous sur lui de tous vos soucis, car il prend soin de vous[25]. » Il le fait, mes bien-aimés. En vérité, il le fait.

Huit

Viens, ô Jésus, si longuement attendu,
Né pour libérer ton peuple ;
De nos peurs et de nos péchés délivre-nous,
Laisse-nous trouver en toi notre repos,
Force et consolation d'Israël,
Tu es l'espoir de toute la terre ;
Le cher désir de chaque nation,
La joie de tous les cœurs pleins d'espoir.

— CHARLES WESLEY,
COME, THOU LONG EXPECTED JESUS, 1745

La joie de tous les cœurs pleins d'espoir

*M*arie était debout dans le temple avec l'Enfant Jésus dans ses bras quand il «fut remarqué par une certaine Anne[1]». Une personne singulière. Une femme sans pareil, unique dans la Bible.

J'éprouve une sorte de respect mêlé de crainte envers Anne. Plus précisément, elle m'intimide. Et m'incite à poursuivre mes efforts. «Je poursuis ma course pour tâcher de saisir le prix, ayant été moi-même saisi par le Christ Jésus[2].»

Nous avons tous déjà rencontré une femme si remarquable que nous nous sommes dit : *je voudrais lui ressembler plus tard.* Elle plonge dans la vie à tout âge; elle est toujours à la page; elle s'engage courageusement; elle ne cède jamais à la facilité et elle est soucieuse du sort d'autrui. Par-dessus tout, elle entretient une relation vivante avec Dieu, qui brille autour d'elle comme la lumière du soleil.

C'est Anne, notre dernière femme de Noël.

«Il y avait aussi une prophétesse, Anne…»
Luc 2,36

Oui, une *femme* prophète — en hébreu, *neviah* ou «pro-phétesse» (OJB) —, une créature rare dans les Écritures. Vous n'en trouverez mentionnée qu'une poignée : Miryam, Débora, Houlda, Noadya, la femme d'Ésaïe et, dans le Nouveau Testament, les filles de Philippe l'évangéliste[3]. Et maintenant, Anne, «une femme qui répandait la parole de Dieu» (NLV). Comme le nom «Hannah» en hébreu, le nom grec «Anna» signifie «faveur» ou «grâce». Charmant.

«… fille de Phanuel, de la tribu d'Aser.» *Luc 2,36*

Son nom de famille décrit bien son origine, car «Phanuel» signifie «face de Dieu». En ce qui concerne sa tribu, celle d'Aser s'est installée en Galilée à l'époque de Josué[4]. Quelques membres se sont évidemment dirigés vers Jérusalem, parce que c'est là que nous trouvons Anne.

«Elle était fort avancée en âge.» *Luc 2,36*

Fort avancée, comme Sara, comme Élisabeth. Nous savons que nous ne devons pas sous-estimer Anne en raison de «son âge avancé» (DRA). Ces femmes et bien d'autres font partie d'une longue tradition où Dieu «favorise particulièrement des femmes plus âgées comme messagères de la grâce divine[5]». Anne n'a pas donné naissance à un enfant au-delà de sa période de fertilité, mais attendez de voir les graines prolifiques qu'elle a semées pour le royaume.

Quel Dieu merveilleux nous avons, qui nous estime,
peu importe notre âge, notre situation sociale ou notre
apparence !

— CHRISTINA

En comparaison des bribes d'information données sur Syméon, nous disposons d'une foule de détails concernant Anne.

« Après avoir vécu sept ans avec son mari... »
Luc 2,36

Hélas, il était décédé à ce moment-là. Notre cœur s'attriste à l'idée d'une jeune femme — au début de la vingtaine tout au plus — qui perd son mari « sept ans après son mariage » (AMP). À partir de ce sombre jour, elle dut affronter l'existence en tant que veuve non mariée. S'il y avait encore des membres de sa famille qui vivaient, ils ne sont pas mentionnés dans les Écritures.

« ... elle était restée veuve et avait atteint l'âge de quatre-vingt-quatre ans. » *Luc 2,37*

Tous ces nombres m'intriguent, et ils me rappellent une observation que j'ai faite récemment. Quand je discute en ligne avec des femmes dans la quarantaine ou dans la cinquantaine, elles avouent rarement leur âge exact. Mais dès qu'elles franchissent une ligne invisible, généralement autour de soixante ans, elles répondent sans hésiter : « J'ai maintenant soixante-trois ans... », ou encore « Quand vous franchissez le cap des soixante-quinze ans...». L'âge d'une femme apparaît alors comme une marque de courage. *Je me suis rendue jusque-là, et voyez comme je tiens bien le coup !*

Plusieurs femmes illustres apparurent sur le théâtre du monde pendant la longue vie d'Anne : Cléopâtre, le dernier pharaon de l'ancienne Égypte ; la magnifique Mariamne, la seconde femme d'Hérode au destin tragique ; Olivia, l'impératrice consort de Rome[6]. Le nom d'Anne ne se trouve pas parmi eux dans les livres d'histoire, mais il est sûrement écrit dans le livre de vie[7]. Son histoire a survécu jusqu'à nos jours en raison de celui qu'elle a adoré et de sa constance exemplaire.

Des traductions nous disent qu'«elle était veuve depuis quatre-vingt-quatre ans» (NCV) et qu'elle aurait donc été centenaire. D'autres l'expriment autrement (KJV), mais toutes s'accordent sur son âge — qui est celui de ma belle-mère au moment où j'écris ces lignes. Je ne considère sûrement pas Mary Lee Higgs comme étant très vieille. En dépit des quatre-vingt-quatre bougies sur son gâteau d'anniversaire, elle mord dans la vie avec beaucoup de plaisir.

Dans chaque saison de la vie, nous avons de la valeur en tant que serviteurs de Dieu.

— Cathy

L'âge avancé d'Anne n'est pas perçu ici comme un inconvénient. Peu importe son âge, «Anne était riche d'espoir[8]». Sa situation matrimoniale, par contre, était un véritable malheur. En ce temps-là, une veuve sans enfant n'avait guère d'autre choix que de retourner vivre chez ses parents, où elle attendait de se remarier ou de mourir, selon le cas[9]. Sans aucun moyen de gagner de l'argent, ces femmes dépendaient du soutien de la famille ou d'amis[10] et vivaient souvent dans la pauvreté.

Mais Anne était une veuve dotée d'un caractère indépendant, l'une de celles qui «restaient au temple et qui se consacraient à la vie spirituelle[11]». Elle était la veuve idéale dont Paul a parlé plus tard : «Mais la vraie veuve, celle qui reste absolument seule, s'en remet à Dieu et consacre ses jours et ses nuits à la prière[12].» C'est notre Anne. Elle a couru vers Dieu et lui a donné son cœur brisé, mettant sa vie à son service.

«Elle ne s'écartait pas du temple...» *Luc 2,37*

Attendez un instant. *Jamais?* *Jamais.* «Anne était toujours au temple» (ERV). Quoique le temple d'Hérode à Jérusalem fût vaste — environ cinq cents sur trois cents mètres[13] —, c'était tout de même un endroit restreint pour y passer tous ses jours et toutes ses nuits. Pourtant, Anne ne pouvait se résoudre «à quitter la maison de Dieu» (NLV).

Représentez-vous quatre cours emmurées successives, «chacune plus exclusive que la précédente[14]». D'abord, il y avait la cour des gentils, où tous avaient la permission d'entrer. Puis la cour des femmes, la cour d'Israël et enfin la cour des prêtres.

Naturellement, Anne était reléguée à la cour des femmes et vivait probablement dans l'une des quatre pièces construites dans chaque coin[15]. Une pièce unique, sans doute meublée très sommairement, pour cette femme dévote qui était « plus intéressée par les choses invisibles de l'esprit que par les possessions matérielles et tangibles[16] ».

Pour Anne, le temple de Jérusalem était sa maison. C'était l'endroit où elle était chez elle. Elle « personnifiait la femme du temple de Jérusalem dans son acception la plus noble[17] », consacrant son temps et ses ressources à servir le Tout-Puissant. Nous pouvons presque l'entendre murmurer les mots de David, peut-être même les chanter :

J'ai demandé une chose au Seigneur,
   et j'y tiens :
habiter la maison du Seigneur
   tous les jours de ma vie,
pour contempler la beauté du Seigneur
et prendre soin de son temple[18].

Et que faisait Anne dans ce temple ? Comment passait-elle toutes les minutes, les heures, les journées et les années de sa longue existence ? Elle faisait ce qui lui procurait sa plus grande joie.

« … participant au culte nuit et jour… » *Luc 2,37*

Il est intéressant de remarquer que les mots « servir » et « adorer » sont employés de manière équivalente ici, selon la traduction. « Elle adorait Dieu » (ERV) ; « elle servait Dieu » (CEV). Eh bien, ne disons-nous pas le « service du culte » ?

Anne célébrait le culte nuit et jour. Tout le temps. «Continuellement — c'est-à-dire aux heures habituelles des offices publics et en privé[19]. » Cette femme devait sûrement dormir — comme tous les mortels —, mais même alors, elle devait rêver qu'elle se trouvait en présence de Dieu.

Quand elle était éveillée, Anne pratiquait les deux activités du peuple de Dieu dans le monde entier.

«… par des jeûnes et des prières. » *Luc 2,37*

C'était son culte. C'était son service. Parfois, comme ici, le mot «jeûne» est au pluriel — des jeûnes (KJV) —, nous montrant qu'elle entrait dans sa privation et en sortait régulièrement. Elle ne s'affamait pas ; elle «s'abstenait simplement de manger pour mieux prier» (NLV). Anne était sérieuse dans sa vénération du Seigneur, dans la recherche constante de son visage, dans l'adoration de son nom. Elle jeûnait. Et elle priait. Offrant des «suppliques» (ASV) au nom d'autres personnes. «Anne devint intercesseur pour les siècles à venir[20]. »

J'ai jeûné, j'ai prié et j'ai adoré, oui, mais cette femme-là y consacrait sa vie !

— CHRISTINA

De telles activités, alors et maintenant, sont souvent faites dans la solitude, sinon dans le silence, et sans applaudissements. Pourrais-je faire cela ? Servir dans l'ombre sans personne pour reconnaître mes efforts ? Hélas, je connais la réponse.

Il y a de cela plusieurs années, avant mon mariage, je faisais le ménage d'un immeuble à logements pour aider à payer mon loyer. C'était une maison de style victorien avec de longs escaliers de bois entre les étages. Je me souviens encore de m'être assise sur la plus haute marche, un chiffon à la main, soupirant lourdement en regardant la besogne qui m'attendait. À mi-chemin de ma corvée ennuyeuse, tandis que je frottais la poussière accumulée depuis des mois sur les barreaux aux motifs élégants, un locataire est passé près de moi sans un mot d'appréciation.

Qu'attendais-je de sa part? Je travaillais pour le propriétaire, et pas pour lui. Malgré tout, je me sentais invisible et sans importance.

Alors, je regarde Anne et j'éprouve un grand sentiment d'humilité devant sa détermination à ne regarder que dans une seule direction : en haut. Comme Paul l'écrirait plus tard dans sa première lettre à l'Église de Corinthe : « La femme sans mari ou la jeune fille a souci des affaires du Seigneur ; elle cherche à être sainte de corps et d'esprit[21]. » De corps et d'esprit. Jeûner et prier. Anne « était toujours en prière[22] », et « les attentes de sa foi étaient étrangement élevées[23] ».

À notre connaissance, il n'existait aucun lien entre Syméon et Anne, sauf leur désir partagé de voir le Messie. « Ils connaissaient toutes les prophéties depuis Ésaïe jusqu'à Malachie et cherchaient chaque jour le Seigneur[24]. » Pourquoi Dieu faisait-il attendre ces deux personnes dans le temple ? Pour nous montrer que Jésus était venu pour tous, hommes et femmes, et afin « qu'un représentant de chaque sexe puisse en témoigner[25] ».

La vie de Syméon était comblée à présent qu'il avait posé les yeux sur le Sauveur. Mais le ministère d'Anne venait à peine de se mettre en branle. Elle se tenait non loin quand elle vit Syméon avec un bébé dans ses bras et louant Dieu. Son cœur dut bondir de joie. Le Messie! «Dieu, qui avait si bien veillé sur elle pendant toutes ces années, s'assura qu'elle ne rate pas ce moment sacré[26].» Tout à coup, Anne se mit en mouvement.

«Survenant au même moment...» *Luc 2,38*

Certains d'entre nous sont d'un naturel discret, préférant observer plutôt qu'agir. Anne n'était pas ce genre de femme. Elle s'avança et parla «sur-le-champ» (NKJV). Bien sûr, c'était «au moment où Syméon priait» (MSG) ou peut-être un peu après. «Syméon parlait à Marie, c'est alors qu'Anne s'approcha» (WE).

Elle savait. Elle savait vraiment. De la même manière et pour la même raison qu'Élisabeth savait: l'Esprit Saint avait révélé à notre prophétesse que c'était bel et bien le Christ.

«... elle se mit à célébrer Dieu...» *Luc 2,38*

Anne aussi connaissait la maxime: ouvrez la bouche, louez le Seigneur.

Si nous nous appliquons à faire cela — et uniquement cela —, nos vies et celles de ceux qui nous entourent changeront à jamais. Si nous bénissons le Seigneur ouvertement et régulièrement; si nous lui accordons le mérite au lieu de nous l'attribuer; si la première pensée qui nous vient à l'esprit et à la bouche est de glorifier son nom, nous pourrons nous aussi avoir un aperçu du Christ, comme cela arriva à Anne quand elle «entonna un hymne à la gloire de Dieu» (MSG).

Anne n'a pas seulement élevé sa voix vers le Seigneur ; elle a aussi proclamé la vérité du Messie avec un joyeux abandon.

« … et à parler de l'enfant à tous ceux… » *Luc 2,38*

Oh oui, elle «parla de Jésus» (ERV) à tous ceux qui étaient prêts à l'entendre, et en particulier «à tous ceux qui attendent avec amour le moment où il apparaîtra[27]».

« … qui attendaient la libération de Jérusalem.»
Luc 2,38

Familière des lieux comme elle l'était, Anne connaissait tous les habitués du temple — les prêtres et les fidèles, les Pharisiens et les croyants. Elle connaissait ceux qui avaient des oreilles pour entendre et des yeux pour voir, et s'assura de leur parler de Jésus. À tous, nous dit la Parole. «À tous ceux qui attendaient avec impatience» (MOUNCE), à tous ceux qui «cherchaient Celui qui les sauverait du châtiment de leurs péchés» (NLV).

Il y a une trentaine d'années, je cherchais Celui qui pourrait me pardonner, Celui qui pourrait me régénérer. Quand j'ai découvert que son nom était Jésus, quand j'ai découvert qu'il était né afin que je puisse renaître à mon tour…, eh bien, je n'ai pas arrêté de parler de lui ! Anne non plus ne pouvait garder la bonne nouvelle pour elle-même. «Comme aucune autre personne en autorité ne proclamait la naissance du Messie, cette vieille femme l'annonça au monde[28].»

Oui, elle était vieille, mais elle était hardie. Tout comme elle s'était avancée vers Marie et Joseph, elle s'est ensuite empressée d'en parler au plus grand nombre. A-t-elle approché les gens un à un ou s'est-elle adressée à la foule? La version grecque nous dit simplement qu'elle «parla». Mais je reviens aux mots «à tous» et au fait qu'elle était une prophétesse qui ne craignait pas de parler haut et fort. Peu importe la manière dont elle s'y est prise, dans les lieux publics ou par des discussions privées, plusieurs personnes à Jérusalem entendaient parler de la naissance du Messie, proclamée par une femme qui avait atteint le rang «de sage et de sainte parmi les aînés[29]».

Je crois qu'il est prudent d'affirmer qu'Anne était plus avancée sur ce sentier que la plupart d'entre nous et pas seulement en raison des années. Ces quelques versets décrivent une femme d'une dévotion exceptionnelle, d'une discipline remarquable et d'un dévouement sans borne. Son exemple continue d'inspirer les filles de Dieu de génération en génération. Comme l'histoire d'Élisabeth. Et celle de Marie.

Comme David l'a écrit, «[l]e Seigneur donne un ordre, et ses messagères sont une grande armée[30]». Amen pour cela! Élisabeth, Marie et Anne font partie de la grande armée qui a entendu la vérité de Dieu et qui lui rend gloire avec joie.

> *J'aimerais être au service de Dieu comme chacune de*
> *ces femmes de Noël : savoir que l'Esprit Saint est avec*
> *moi comme Élisabeth, donner mon cœur comme*
> *Marie, et me dévouer totalement au service du*
> *Seigneur comme Anne.*

— TINA

À la fin, les femmes de Noël se retirèrent doucement pour laisser la place à Celui qui importe le plus. Le héros de notre histoire.

« Quant à l'enfant, il grandissait et se fortifiait… »
Luc 2,40

Il ne fut pas aussi fort que Samson. Jésus « baignait dans la force de l'Esprit » (GNV). Son travail de charpentier développa sa force musculaire, mais il avait besoin de bien plus que cela pour faire le travail assigné par son Père. Il deviendrait bientôt un « jeune homme mature » (ERV), spirituellement bien en avance sur son âge.

« … tout rempli de sagesse… » *Luc 2,40*

Plutôt que de naître avec cette sagesse, l'enfant Jésus en fut rempli par son Père céleste, comme de l'eau versée dans un pichet. Alors qu'il grandissait physiquement, son esprit s'ouvrait pour apprendre de nouvelles vérités. Jésus n'est pas né capable de parler, de se nourrir, de marcher. Il devait grandir intérieurement et extérieurement. Il devait être fait comme nous, « se faire en tous points pareil à ses frères humains[31] », pourtant sans péché, de sorte qu'un jour il puisse expier les nôtres.

L'humble offrande de deux colombes de Marie ne pourrait racheter les péchés que j'ai commis au cours des dernières vingt-quatre heures, encore moins ceux d'une vie entière. Seul le sang de Jésus peut faire cela. Seule la grâce de son Père céleste.

« … et la faveur de Dieu était sur lui. » *Luc 2,40*

Sur lui, et en lui, et à travers lui. La grâce, et la bonté, et la faveur. « Dieu l'aima, le chérit et prit un soin particulier de lui[32]. » Par la puissance du Saint-Esprit, les femmes de Noël apportèrent leur contribution, anticipant l'avènement du Seigneur, consacrant leur vie à son service et honorant son nom sacré avant même qu'il soit né.

Il nous revient maintenant, deux mille ans après, de suivre leurs traces.

De dire à tout le monde ce que nous savons à propos de Jésus. De prononcer des mots comme « miracle » et « ange » sans rougir, parce qu'ils sont vrais. De voir la lumière du Christ briller à travers les siècles et de lever nos bougies pour éclairer le chemin des autres.

De nous joindre aux hôtes des cieux qui chantent « [g]loire, gloire, gloire ! Gloire à Dieu au plus haut des cieux ! ».

Amen et amen.

Guide de lecture

Si vous désirez approfondir les histoires d'Élisabeth, de Marie et d'Anne — individuellement ou à l'intérieur d'un petit groupe —, ce guide de lecture est fait justement dans ce but. Il vous faudra de l'espace pour noter vos réponses — un cahier de notes, un ordinateur, tout ce qui fonctionne pour vous — et le désir d'explorer les Écritures et votre propre cœur à un niveau plus profond.

Peut-être voudrez-vous commencer la lecture des *Femmes de Noël* au début de novembre et étudier un chapitre par semaine pendant la période des fêtes. Ou lire deux chapitres chaque dimanche de l'avent. Ou encore vous immerger dans un chapitre chaque jour de la semaine précédant Noël. Peu importe votre préférence, je souhaite que la période des fêtes prenne un sens plus épanouissant et plus riche grâce aux moments passés avec ces femmes exceptionnelles. Et j'espère que les leçons apprises vivront en vous longtemps après le passage dans la nouvelle année.

Chapitre 1 : Que chaque cœur lui prépare une place

Lire Luc 1,5-18

1. Élisabeth est décrite comme étant vertueuse, irréprochable et honorable. Parcourez les Proverbes 31,10-31 et choisissez les versets qui décrivent le mieux comment une femme pieuse des temps

bibliques vivait sa foi au quotidien. Si vous connaissez une Élisabeth des temps modernes, dites ce qu'elle fait de particulier qui la rend exemplaire à vos yeux. Comment ces femmes du passé et du présent vous inspirent-elles à changer votre manière de servir Dieu à l'avenir ?

2. La bonté d'Élisabeth venait de Dieu et glorifiait Dieu, comme nous le découvrons dans la deuxième épître de Pierre 1,3 : « Par sa puissance divine, le Seigneur nous a donné tout ce qui nous est nécessaire pour vivre dans l'attachement à Dieu ; il nous a fait connaître Celui qui nous a appelés à participer à sa propre gloire et à son œuvre merveilleuse. » Que se passe-t-il quand nous nous flattons — même silencieusement — d'avoir fait quelque chose de bien ? Comment pouvez-vous combattre ce besoin très humain de vous attribuer le mérite de votre bon comportement, quand il appartient seulement à Dieu ?

3. Quand Zacharie fut étonné et effrayé par l'apparition du messager des cieux, l'ange lui dit : « N'aie pas peur. » Quand et où dans votre vie avez-vous eu besoin d'un rappel que Dieu fait tout par amour et que vos peurs sont injustifiées ? Quel réconfort pourriez-vous trouver dans Ésaïe 12,2, « [v]oici mon Dieu Sauveur, j'ai confiance et je ne tremble plus, car ma force et mon chant, c'est le Seigneur ! Il a été pour moi le

salut »? Et comment Jean 14,27 peut-il vous apporter du réconfort, « [j]e vous laisse la paix, je vous donne ma paix. Ce n'est pas à la manière du monde que je vous la donne. Que votre cœur cesse de se troubler et de craindre » ?

Chapitre 2 : Que toute chair mortelle fasse silence

Lire Luc 1,19-25

1. R. C. Sproul dit de Gabriel : « Un tel ange doit être cru[1]. » Pourtant Zacharie ne l'a pas cru, et Élisabeth s'est trouvée enceinte neuf longs mois auprès d'un époux qui ne pouvait ni parler ni l'entendre. De quelles façons ce long silence a-t-il pu être une épreuve pour tous les deux — individuellement et en tant que couple marié ? Et comment cela aurait-il pu être un bienfait inattendu ? Si le Seigneur vous réduisait au silence, même une seule journée, quelles leçons en tireriez-vous ?

2. Aux pages 31-32, vous trouverez des raisons plausibles pour lesquelles Élisabeth est demeurée recluse durant cinq mois. Laquelle vous semble la plus plausible et pourquoi ? Maintenant, lisez le Psaume 139,13-16, qui décrit la participation de Dieu dans la formation d'un enfant à naître. Il débute par : « C'est toi qui as créé ma conscience ; qui m'a tissé dans le ventre de ma mère. » Comment ces versets ajoutent-ils un sens plus

profond au commentaire d'Élisabeth, « [l]e Seigneur a fait cela pour moi » ?

3. Dans l'Ecclésiaste 7,8, il est dit que : « Mieux vaut la fin d'une chose que son début, mieux vaut la patience que la prétention. » En quoi l'histoire d'Élisabeth illustre-t-elle cette vérité ? Si vous attendez un bienfait particulier de Dieu, comment l'histoire d'Élisabeth vous interpelle-t-elle ? Vous encourage-t-elle ? Vous culpabilise-t-elle ? Vous donne-t-elle de l'espoir ?

Chapitre 3 : La douce mère vierge

Lire Luc 1,26-38

1. En raison du rôle unique de Marie dans l'histoire du Seigneur, il est facile de la mettre sur un piédestal et de baisser les bras, convaincus qu'elle n'a rien à enseigner à de simples mortels comme nous. Pourtant nous avons été témoins de son humanité dans sa rencontre avec Gabriel, quand elle lui a demandé : « Comment cela se fera-t-il, puisque je suis vierge ? » Quelles questions auriez-vous adressées à Gabriel si vous aviez été à la place de Marie ce jour-là ? L'innocente jeunesse de Marie a peut-être été la source de sa foi simple et confiante. Comment peut-on faire taire le cynisme, retrouver la capacité d'accepter la parole de Dieu et lui faire entièrement confiance ?

2. Le prophète Jérémie a dit : «Ah! Seigneur Dieu, c'est toi qui as fait le ciel et la terre par ta grande force, en déployant ta puissance; rien n'est trop difficile pour toi[2].» Quelles sont les choses qui vous semblent au-dessus de vos forces? Faites-en une liste. Puis écrivez au-dessus votre traduction favorite de Luc 1,37. Si vous croyez vraiment que rien n'est impossible à Dieu, que pourriez-vous faire maintenant pour embrasser cette réalité?

3. Une auteure a dit ceci à propos de l'acceptation de Marie de porter le Fils de Dieu : «D'emblée, le prix était élevé. Ainsi que les risques[3].» Qu'est-ce que l'obéissance de Marie lui a coûté à partir de l'instant où elle a dit oui? Et quels risques a-t-elle accepté d'encourir pour l'avenir? Que vous faudrait-il pour dire de tout votre cœur : «Je vivrai pour accomplir la volonté de Dieu[4]»? Voyez comment la première épître de Jean 2,17 pourrait fortifier votre résolution : «Le monde est en train de passer, ainsi que tout ce que l'on y trouve à désirer; mais celui qui fait la volonté de Dieu vit pour toujours.»

Chapitre 4 : Ô nouvelle de réconfort et de joie

Lire Luc 1,39-56

1. Peu après le départ de Gabriel, Marie s'est mise en route pour se rendre chez Élisabeth, et les

mots de l'ange résonnaient sûrement dans son cœur : *Toi qui es grandement favorisée*. Pensez à un moment ou vous vous êtes sentie favorisée ou bénie par Dieu. Aviez-vous hâte de partager cette expérience avec d'autres ? Pourquoi ou pourquoi pas ? Est-ce que Marie avait besoin de donner quelque chose à — ou de recevoir quelque chose de — Élisabeth ? Comment chaque femme a-t-elle bénéficié de ce séjour de trois mois ?

2. Bien qu'Élisabeth fût beaucoup plus âgée que Marie, elles ont été l'une pour l'autre d'un immense secours. S'il y a une femme plus jeune — ou plus vieille — dans votre vie qui fortifie votre foi, comment accomplit-elle cela ? Et que faites-vous pour nourrir la sienne ? Que pourriez-vous faire pour renforcer et améliorer votre relation spirituelle avec des gens d'une génération différente ?

3. À la fin, ni Élisabeth ni Marie ne sont les vedettes de ce chapitre ; c'est plutôt l'Esprit Saint qui occupe le devant de la scène. Dans Jean 14,26, nous apprenons que le Saint-Esprit « vous enseignera toutes choses ». Dans les Actes 13,4, Barnabé et Saul ont été « envoyés en mission par le Saint-Esprit ». Et dans les Romains 15,13, on dit que « vous déborderez d'espérance par la puissance de l'Esprit Saint ». Quel rôle joue l'Esprit Saint dans votre vie ? Quand et où avez-vous

senti qu'il vous enseignait quelque chose?
Qu'il vous envoyait un message? Qu'il vivait en
vous?

Chapitre 5 : Avec le cœur, et l'âme, et la voix

Lire Luc 1,57-79 et Matthieu 1,18-25

1. Si le silence de Zacharie n'était pas un châtiment,
   il aurait néanmoins pu être une réprimande de
   la part de Dieu, comme nous le lisons dans
   Job 5,17, « [h]eureux l'homme que Dieu réprimande! », et dans les Proverbes 3,12, « le Seigneur
   réprimande celui qu'il aime ». Comment décri-
   riez-vous la différence entre un châtiment et une
   réprimande? Quand avez-vous été conscient
   que Dieu vous reprenait et qu'avez-vous appris
   de l'expérience?

2. Quand il eut retrouvé la parole, la première
   impulsion de Zacharie fut de louer Dieu. Il est
   facile d'encenser le Seigneur quand nous sommes
   heureux, comblés et satisfaits, pourtant Dieu est
   aussi digne d'être célébré quand nous sommes
   mécontents, tristes ou en colère. Comme le
   Psaume 42,6 nous l'enseigne, « [à] quoi bon me
   désoler, à quoi bon me plaindre de mon sort?
   Mieux vaut espérer en Dieu et le louer de nouveau, lui, mon Sauveur et mon Dieu! ». Croyez-
   vous que nous louons Dieu pour notre bénéfice
   ou pour le sien? Comment le fait de le remercier

change-t-il votre attitude et votre vision des choses ?

3. Une commentatrice a fait remarquer que «l'obéissance de Joseph et sa soumission... sont à peine moins remarquables que celles de Marie[5]». En quoi le projet original de Joseph de divorcer discrètement de Marie était-il un geste généreux ? Quand il décida plutôt de l'épouser, comme l'ange le lui avait commandé, Joseph est-il devenu un véritable héros à vos yeux ? Si oui, quelles qualités l'ont rendu admirable, sinon exceptionnel ? Même si Joseph ne parle jamais dans la Bible, la parole de Dieu nous dit que «le Seigneur est un Dieu qui sait, et c'est lui qui pèse les actions[6]». Dans votre vie, avez-vous davantage tendance à *parler* à Dieu ou à *obéir* à ses commandements ? Pensez à un moment où Dieu vous a demandé de faire un geste de fidèle obéissance. Comment avez-vous réagi ? Et quel fut le résultat ?

Chapitre 6 : Le cadeau miraculeux est donné

Lire Luc 2,1-20

1. La mort de Jésus sur la croix couvre plusieurs chapitres dans le Nouveau Testament. Pourtant sa naissance est relatée en une demi-douzaine de mots, sans réelle description du moment, du cadre, des personnes présentes, ni aucun détail

autre que l'endroit, Bethléem. Pourquoi est-ce ainsi selon vous ? Imaginez-vous en face d'une personne qui n'a jamais entendu parler de Jésus. Comment lui raconteriez-vous l'histoire de Noël ? Quel aspect de la naissance du Seigneur vous a-t-il le plus touché, et pourquoi ?

2. Dieu aurait pu apparaître sur terre sous la forme de son choix. Pourquoi croyez-vous qu'il ait choisi celle d'un bébé faible et vulnérable, entièrement dépendant des autres ? Dans Marc 10,14, Jésus dit à ses disciples : « Laissez les enfants venir à moi, ne les empêchez pas, car le Royaume de Dieu est à ceux qui sont comme eux. » Quelles sont les qualités remarquables que les enfants possèdent ? De quelles manières pourriez-vous devenir plus semblable aux enfants dans votre foi ?

3. Depuis la première nuit de Noël, où des milliers d'anges ont chanté les louanges du Seigneur, la musique fait partie de ce temps de l'année. Choisissez votre cantique favori et écrivez-en le premier couplet. (Si vous êtes courageux — ou seul ! —, vous pourriez même le chanter.) Est-ce que les paroles reflètent ce que vous avez lu dans la Bible ? Comment des siècles de coutumes et de traditions du monde entier ont-ils modifié votre appréciation de cette période sainte ? Et comment nous écartent-ils de la véritable histoire du Messie descendu sur terre ? Comment

comptez-vous remettre le Christ au centre de votre Noël cette année?

Chapitre 7 : *Et nos yeux enfin le verront*

Lire Matthieu 2,1-12 et Luc 2,21-35

1. Nous ne savons rien de Syméon à l'exception de la signification de son nom, «il a entendu», et de la disposition de son cœur, «pieux». Que voudriez-vous connaître au sujet d'une personne avant de l'inviter à votre séance d'étude hebdomadaire de la Bible? À votre réveillon de Noël en famille? À prendre votre bébé de vos bras? Dans Jean 13,35, Jésus dit : «À ceci, tous vous reconnaîtront mes disciples : à l'amour que vous aurez les uns pour les autres.» Comment Syméon a-t-il montré à Joseph et Marie l'amour de Dieu? Et comment pourriez-vous montrer de l'amour à un étranger qui croise votre chemin?

2. Ici encore, l'Esprit Saint joue un rôle discret mais important dans l'histoire, révélant à Syméon qu'il ne mourra pas avant d'avoir vu le Messie. Une telle prophétie vous remplirait-elle d'espoir ou de peur? Comment Syméon en extase a-t-il pu dire à Dieu : «Tu peux disposer de ton serviteur»? Qu'est-ce qui vous rendrait plus facile de dire une telle chose? Et qu'est-ce qui la rendrait spécialement difficile? Comment pouvez-vous

mieux vous préparer pour le jour où vous paraî-
trez devant votre Sauveur?

3. Le message sibyllin de Syméon à Marie pourrait
vous avoir surpris. *Une épée transpercera mon
âme*? Comme Marie était une personne réfléchie,
comment, selon vous, a-t-elle reçu ces mots au
moment où ils furent prononcés et dans les
années qui ont suivi? Puisque nous savons que
Dieu fait les choses pour notre bien, comment les
mots de Syméon, à la fois douloureux et prophétiques, ont-ils pu aider Marie? Quand les
gens vous apportent des nouvelles troublantes
ou un message d'avertissement, comment leur
répondez-vous, et que pourriez-vous demander
à Dieu?

Chapitre 8 : La joie de tous les cœurs pleins d'espoir

Lire Luc 2,36-40

1. Anne a «transformé sa solitude en une forme
d'intimité avec Dieu[7]». Nous connaissons tous
des moments où nous sommes seuls et où nous
pouvons employer cette solitude pour approfondir notre relation avec le Seigneur. Même
ceux d'entre nous qui partagent leur vie avec
d'autres personnes disposent de moments qui
leur appartiennent entièrement. Comment les
utilisez-vous habituellement? Quelle part

pourriez-vous consacrer exclusivement à Dieu, et comment le feriez-vous ?

2. Bien que le Psaume 23,6 fût écrit par David, ses mots auraient pu facilement être dits par Anne : « Oui, tous les jours de ma vie, ta bonté, ta générosité me suivront pas à pas. Seigneur, je reviendrai dans ta maison aussi longtemps que je vivrai. » Comment la fidélité d'Anne — qui restait au temple, en priant et en jeûnant constamment — vous frappe-t-elle ? Est-ce merveilleux ? Obsessionnel ? Comment une femme moderne pourrait-elle suivre son exemple ? Même si nous trouvons difficile d'imiter pareille dévotion de tous les instants, quels aspects du culte d'Anne vous poussent-ils à aller un peu plus loin dans votre foi ? Pourriez-vous imaginer de nouvelles façons de servir votre église, ajouter des jours de prière additionnels à votre calendrier ou explorer la discipline spirituelle du jeûne ? De quelles façons Dieu pourrait-il vous demander de vous rapprocher davantage de lui dans les années à venir ?

3. Élisabeth, Marie et Anne sont des femmes ordinaires bénies de Dieu en raison de sa bonté et sélectionnées par lui pour accomplir des choses extraordinaires. Pensez aux femmes que vous connaissez bien. Reconnaissez-vous une Élisabeth parmi elles ? Une Marie ? Une Anne ? En cette période des fêtes, pourquoi ne pas aller

vers ces femmes et leur dire pourquoi elles sont des modèles pour vous ? Une simple carte de Noël personnelle de votre part pourrait être un point de départ. Puis prenez un moment pour écrire un commentaire sur chacune de nos femmes de Noël :

« C'est à… que je ressemble le plus, car… »
« C'est de… que j'ai le plus appris, parce que… »
« C'est à… que j'aimerais le plus ressembler, car elle… »

Que Dieu vous bénisse d'employer sagement votre temps en étudiant sa Parole. Qu'elle vous porte bonheur, cette année et à l'avenir. Joyeux Noël, ma sœur !

Notes

Chapitre 1 : Que chaque cœur lui prépare une place

1. 1 Chroniques 24,10.
2. 2 Chroniques 31,2.
3. Tremper Longman III, Mark L. Strauss et Daniel Taylor. *The Expanded Bible: Explore the Depths of the Scriptures While You Read*, Nashville, Thomas Nelson, 2011, remarque sur Luc 1,5.
4. Edith Deen. *All of the Women of the Bible*, New York, Harper and Row, 1955, p. 168.
5. Éphésiens 2,10.
6. R. C. Sproul, éd. *The Reformation Study Bible*, Lake Mary (Floride), Ligonier, 2005, p. 1453, commentaire sur Luc 1,6.
7. Psaume 127,3 (Bible de Jérusalem).
8. Catherine Clark Kroeger et Mary J. Evans, éd. « Luke », dans *The IVP Women's Bible Commentary*, Downers Grove (Illinois), InterVarsity, 2002, p. 564.
9. Ross Saunders. *Outrageous Women, Outrageous God: Women in the First Two Generations of Christianity*, Alexandria (New South Wales, Australia), E. J. Dwyer, 1996, p. 67.
10. Carol Meyers, dir. *Women in Scripture: A Dictionary of Named and Unnamed Women in the Hebrew Bible, the Apocryphal/Deuterocanonical Books and the New Testament*, New York, Houghton Mifflin, 2000, p. 73.

11. Sproul. *The Reformation Study Bible*, p. 1453, commentaire sur Luc 1,7.

12. Exode 30,7-8.

13. Walter L. Liefeld. «Luke», dans *The Expositor's Bible Commentary*, Grand Rapids, Zondervan, 1984, 8:826.

14. *Matthew Henry's Commentary on the Whole Bible*, Peabody (Massachusetts), Hendrickson, 1991, 5:467.

15. Psaume 141,2.

16. Luc 2,37.

17. SPROUL. *The Reformation Study Bible*, p. 1453, commentaire sur Luc 1,9.

18. *Matthew Henry's Commentary*, 5:466.

19. Exode 25,30.

20. LIEFELD. «Luke», 8:826.

21. Howard F. Vos. *Nelson's New Illustrated Bible Manners and Customs: How the People of the Bible Really Lived*, Nashville, Thomas Nelson, 1999, p. 383.

22. Margaret E. Sangster. *The Women of the Bible: A Portrait Gallery*, New York, Christian Herald, 1911, p. 259.

23. Psaume 127,4.

24. SPROUL. *The Reformation Study Bible*, p. 1453, commentaire sur Luc 1,13.

25. Matthieu 3,3.

26. Frances Vander Velde. *Women of the Bible*, Grand Rapids, Kregel, 1985, p. 152.

27. Rose Sallberg Kam. *Their Stories, Our Stories: Women of the Bible*, New York, Continuum, 1995, p. 170.

28. Matthieu 19,26.
29. 2 Corinthiens 12,9.
30. Psaume 9,10.

Chapitre 2 : Que toute chair mortelle fasse silence

1. Catherine Clark Kroeger et Mary J. EVANS, éd. « Luke », dans *The IVP Women's Bible Commentary*, Downers Grove (Illinois), InterVarsity, 2002, p. 564.
2. R. C. Sproul, éd. *The Reformation Study Bible*, Lake Mary (Floride), Ligonier, 2005, p. 1454, commentaire sur Luc 1,19.
3. I. Howard Marshall. « Luke », dans *The New Bible Commentary Revised*, Grand Rapids, Eerdmans, 1970, p. 890.
4. Walter L. Liefeld. « Luke », dans *The Expositor's Bible Commentary*, Grand Rapids, Zondervan, 1984, 8:838.
5. Luc 1,62.
6. Walter C. Kaiser Jr. et Duane A. GARRET, éd. *NIV Archaeological Study Bible: An Illustrated Walk Through Biblical History and Culture*, Grand Rapids, Zondervan, 2005, p. 1665.
7. Nombres 6,24-26.
8. *Matthew Henry's Commentary on the Whole Bible*, Peabody (Massachusetts), Hendrickson, 1991, 5:470.
9. Ralph Gower. *The New Manners and Customs of Bible Times*, Chicago, Moody, 1987, p. 62.
10. Marshall. « Luke », p. 891.

11. Tremper Longman III, Mark L. Strauss et Daniel Taylor. *The Expanded Bible: Explore the Depths of the Scriptures While You Read*, Nashville, Thomas Nelson, 2011, remarque sur Luc 1,24.
12. Ross Saunders. *Outrageous Women, Outrageous God: Women in the First Two Generations of Christianity*, Alexandria (New South Wales, Australia), E. J. Dwyer, 1996, p. 68.
13. Ross Saunders. *Outrageous Women, Outrageous God*, p. 68.
14. Catherine Clark Kroeger et Mary J. Evans, éd. « Luke », dans *The IVP Women's Bible Commentary*, Downers Grove (Illinois), InterVarsity, 2002, p. 564.
15. Christin Ditchfield. *The Three Wise Women: A Christmas Reflection*, Wheaton (Illinois), Crossway, 2005, p. 38.
16. Arlene Eisenberg, Heidi Eisenberg Murkoff et Sandee Eisenberg Hathaway. *What to Expect When You're Expecting*, New York, Workman, 1984, p. 136.
17. Psaume 127,3.
18. Luc 1,6.
19. Éphésiens 3,20.

Chapitre 3 : La douce mère vierge.

1. Walter L. Liefeld. « Luke », dans *The Expositor's Bible Commentary*, Grand Rapids, Zondervan, 1984, 8:830.

2. Adam Hamilton. *The Journey: Walking the Road to Bethlehem*, Nashville, Abingdon, 2011, p. 15.
3. Frances Vander Velde. *Women of the Bible*, Grand Rapids, Kregel, 1985, p. 134.
4. Jean 1,46.
5. Ross Saunders. *Outrageous Women, Outrageous God: Women in the First Two Generations of Christianity*, Alexandria (New South Wales, Australia), E. J. Dwyer, 1996, p. 71.
6. Ralph Gower. *The New Manners and Customs of Bible Times*, Chicago, Moody, 1987, p. 65.
7. Howard F Vos. *Nelson's New Illustrated Bible Manners and Customs: How the People of the Bible Really Lived*, Nashville, Thomas Nelson, 1999, p. 448.
8. Howard F. Vos. *Nelson's New Illustrated Bible Manners and Customs*, p. 449.
9. Ralph Gower. *The New Manners and Customs*, p. 155.
10. Ralph Gower. *The New Manners and Customs*, p. 65.
11. I. Howard Marshall. « Luke », dans *The New Bible Commentary Revised*, Grand Rapids, Eerdmans, 1970, p. 891.
12. Ross Saunders. *Outrageous Women, Outrageous God*, p. 72.
13. Matthieu 1,1.
14. Hamilton. *The Journey*, p. 21.
15. Ésaïe 53,2.
16. Ross Saunders. *Outrageous Women, Outrageous God*, p. 72.

17. Hamilton. *The Journey*, p. 22.
18. Hamilton. *The Journey*, p. 23.
19. Ruth 1,8.
20. 2 Samuel 14,17.
21. Luc 1,19.
22. Margaret E Sangster. *The Women of the Bible: A Portrait Gallery*, New York, Christian Herald, 1911, p. 246.
23. Psaume 89,30.
24. Exode 40,34.
25. Genèse 1,2.
26. Liefeld. « Luke », 8:832.
27. Genèse 18,14.
28. Christin Ditchfield. *The Three Wise Women: A Christmas Reflection*, Wheaton (Illinois), Crossway, 2005, p. 27.
29. Elizabeth George. *Women Who Loved God: A Devotional Walk with the Women of the Bible*, Eugene (Orégon), Harvest, 1999, 24 septembre.
30. Catherine Clark Kroeger et Mary J. EVANS, éd. « Luke », dans *The IVP Women's Bible Commentary*, Downers Grove (Illinois), InterVarsity, 2002, p. 565.
31. Frances Vander Velde. *Women of the Bible*, p. 138.
32. Ésaïe 7,14.

Chapitre 4 : Ô nouvelle de réconfort et de joie

1. Miriam Feinberg Vamosh. *Daily Life at the Time of Jesus*, Herzlia (Israël), Palphot, 2007, p. 52, 60.

2. Vamosh. *Daily Life*, p. 47.
3. Walter L. Liefeld. «Luke», dans *The Expositor's Bible Commentary*, Grand Rapids, Zondervan, 1984, 8:834.
4. Adam Hamilton. *The Journey: Walking the Road to Bethlehem*, Nashville, Abingdon, 2011, p. 63.
5. Ross Saunders. *Outrageous Women, Outrageous God: Women in the First Two Generations of Christianity*, Alexandria (New South Wales, Australia), E. J. Dwyer, 1996, p. 74.
6. James M. Freeman. *Manners and Customs of the Bible*, New Kensington (Pennsylvanie), Whitaker, 1996, p. 330.
7. Catherine Clark Kroeger et Mary J. EVANS, éd. «Luke», dans *The IVP Women's Bible Commentary*, Downers Grove (Illinois), InterVarsity, 2002, p. 565.
8. Luc 1,36, CEV.
9. Luc 1,20, MOUNCE.
10. Hamilton. *The Journey*, p. 74.
11. Actes 2,1-4.
12. Luc 1,15, KNOX.
13. Judith A. Bauer. *Advent and Christmas Wisdom from Henri J. M. Nouwen: Daily Scripture and Prayers Together with Nouwen's Own Words*, Liguori (Missouri), Liguori, 2004, p. 28.
14. Éphésiens 2,4.
15. Lamentations 3,22.
16. Jean 3,30.
17. Galates 5,22.

18. Ecclesia Bible Society, *The Voice Bible: Step into the Story of Scripture*, Nashville, Thomas Nelson, 2012, p. 1237.
19. Ross Saunders. *Outrageous Women, Outrageous God*, p. 76.
20. Ésaïe 58,6-8.
21. Matthieu 5,3.
22. Matthieu 5,4.

Chapitre 5 : Avec le cœur, et l'âme, et la voix

1. Psaume 71,6
2. Miriam Feinberg Vamosh. *Women at the Time of the Bible*, Herzlia (Israël), Palphot, 2007, p. 46.
3. Jean 16,21.
4. Genèse 17,12-13.
5. James M. Freeman. *Manners and Customs of the Bible*, New Kensington (Pennsylvanie), Whitaker, 1996, p. 403.
6. *Jewish Names*, Judaism 101, www.jewfaq.org/jnames.htm.
7. Catherine Clark Kroeger et Mary J. EVANS, éd. « Luke », dans *The IVP Women's Bible Commentary*, Downers Grove (Illinois), InterVarsity, 2002, p. 566.
8. Ross Saunders. *Outrageous Women, Outrageous God: Women in the First Two Generations of Christianity*, Alexandria (New South Wales, Australia), E. J. Dwyer, 1996, p. 69.
9. *Matthew Henry's Commentary on the Whole Bible*, Peabody (Massachusetts), Hendrickson, 1991, 5:470.

10. James M. Freeman. *Manners and Customs*, p. 404.
11. Psaume 51,15.
12. Psaume 147,1.
13. Tremper Longman III, Mark L. Strauss et Daniel Taylor. *The Expanded Bible: Explore the Depths of the Scriptures While You Read*, Nashville, Thomas Nelson, 2011, remarque sur Luc 1,66.
14. Matthieu 14,6-10.
15. Walter L. Liefeld. « Luke », dans *The Expositor's Bible Commentary*, Grand Rapids, Zondervan, 1984, 8:839.
16. Liefeld. « Luke », 8:840.
17. Psaume 56,12.
18. Dorothy Kelley Patterson, éd. « Elizabeth: A Spiritual Mentor », dans *The Woman's Study Bible*, Nashville, Thomas Nelson, 1995, p. 1687.
19. Matthieu 11,11.
20. D. A. Carson. « Matthew », dans *The Expositor's Bible Commentary*, Grand Rapids, Zondervan, 1984, 8:74.
21. Mike Rich. *The Nativity Story*, réalisation par Catherine Hardwicke, Burbank (Californie), New Line Cinema, 2006.
22. Gien Karssen. *Her Name is Woman*, Colorado Springs, NavPress, 1975, 1:132.
23. Albert Barnes. « Matthew », dans *Notes on New Testament*, éditeur Robert Frew, Grand Rapids, Baker, 1998, p. 5.
24. Barnes. « Matthew », p. 5.
25. Barnes. « Matthew », p. 5.

26. R. C. Sproul, éd. *The Reformation Study Bible*, Lake Mary (Floride), Ligonier, 2005, p. 1362, commentaire sur Matthieu 1,19.

27. Barnes. « Matthew », p. 5.

28. Walter C. Kaiser Jr. et Duane A. Garret, éd. *NIV Archaeological Study Bible: An Illustrated Walk Through Biblical History and Culture*, Grand Rapids, Zondervan, 2005, p. 1560.

29. *Matthew Henry's Commentary*, 5:5.

30. D. A. Carson. « Matthew », p. 75.

31. Barnes. « Matthew », p. 6.

32. Arlene Eisenberg, Heidi Eisenberg Murkoff et Sandee Eisenberg Hathaway. *What to Expect When You're Expecting*, New York, Workman, 1984, p. 148.

33. Luc 1,31.

34. Adam Hamilton. *The Journey: Walking the Road to Bethlehem*, Nashville, Abingdon, 2011, p. 47.

35. Luc 3,23.

Chapitre 6 : Le cadeau miraculeux est donné

1. Michée 5,1.

2. Luc 1,37, ERV.

3. Psaume 50,10.

4. Ésaïe 37,16.

5. Walter C. Kaiser Jr. et Duane A. GARRET, éd. *NIV Archaeological Study Bible: An Illustrated Walk Through Biblical History and Culture*, Grand Rapids, Zondervan, 2005, p. 1669.

6. Kaiser et Garrett. *NIV Archaeological Study Bible*, p. 1669.

7. I. Howard Marshall. « Luke », dans *The New Bible Commentary Revised*, Grand Rapids, Eerdmans, 1970, p. 892.

8. Adam Hamilton. *The Journey: Walking the Road to Bethlehem*, Nashville, Abingdon, 2011, p. 30.

9. Hamilton. *The Journey*, p. 89.

10. Hamilton. *The Journey*, p. 90.

11. Hamilton. *The Journey*, p. 90.

12. Hamilton. *The Journey*, p. 90.

13. Anna Dintaman Landis. « Hiking the Nativity Trail from Nazareth to Bethlehem », Jesus Trail, 18 décembre 2010, http://jesustrail.com/blog/hiking-the-nativity-trail-from-nazareth-to-bethlehem.

14. Jean 1,14.

15. Exode 13,21.

16. Albert Barnes. « Luke », dans *Notes on the New Testament*, Grand Rapids, Baker, 1998, p. 17. Voir aussi Ézéchiel 16,4.

17. Mary Eliza Rogers. *Domestic Life in Palestine*, Cincinnati, Poe and Hitchcock, 1865, p. 28.

18. Miriam Feinberg Vamosh. *Women at the Time of the Bible*, Herzlia (Israël), Palphot, 2007, p. 47.

19. Jean 20,16-18.

20. Marc 16,9.

21. *Matthew Henry's Commentary on the Whole Bible*, Peabody (Massachusetts), Hendrickson, 1991, 5:483.

22. Catherine Clark Kroeger et Mary J. EVANS, éd. « Luke », dans *The IVP Women's Bible Commentary*, Downers Grove (Illinois), InterVarsity, 2002, p. 566.

23. Barnes. « Luke », p. 17.

24. Barnes. « Luke », p. 18.

25. Virginia Stem Owens. *Daughters of Eve: Women of the Bible Speak to Women of Today*, Colorado Springs, NavPress, 1995, p. 30.

26. Kroeger et Evans. *The IVP Women's Bible Commentary*, p. 566.

27. Luc 9,58.

28. *Matthew Henry's Commentary*, 5:483.

29. Jean 10,11.

30. Psaume 100,3.

31. R. C. Sproul, éd, *The Reformation Study Bible*, Lake Mary (Floride), Ligonier, 2005, p. 1457, commentaire sur Luc 2,8.

32. Sproul. *The Reformation Study Bible*, p. 1457, commentaire sur Luc 2,8.

33. Kaiser et Garrett. *NIV Archaeological Study Bible*, p. 1669.

34. Proverbes 9,10.

35. SPROUL. *The Reformation Study Bible*, p. 1457, commentaire sur Luc 2,10.

36. *Matthew Henry's Commentary*, 5:484.

37. Job 38,7 (Bible en français courant).

38. Psaume 71,23 (Bible en français courant).

39. Ésaïe 49,13, NLT.

40. *Matthew Henry's Commentary*, 5:484.

41. Barnes. « Luke », p. 19.

42. Job 19,25.
43. Luc 1,32.
44. Apocalypse 17,14.
45. Jude 1,24 (Bible en français courant).
46. Jean 4,28-29
47. Luc 2,11, GNT.

Chapitre 7 : Et nos yeux enfin le verront

1. Adam Hamilton. *The Journey: Walking the Road to Bethlehem*, Nashville, Abingdon, 2011, p. 121.
2. Genèse 1,16.
3. *Matthew Henry's Commentary on the Whole Bible*, Peabody (Massachusetts), Hendrickson, 1991, 5 :9.
4. Matthieu 2,5-6.
5. Matthieu 2,10, PHILLIPS.
6. Matthieu 2,10, KJV.
7. Luc 1,32.
8. Genèse 17,13.
9. Bert Thompson. « Biblical Accuracy and Circumcision on the Eighth Day », Apologetics Press, www.apologeticspress.org/apcontent.asp x ?category=13&article=1118.
10. Lévitique 12,2-4.
11. Lévitique 12,6-8.
12. Albert Barnes. « Luke », dans *Notes on the New Testament*, Grand Rapids, Baker, 1998, p. 21.
13. Miriam Feinberg Vamosh. *Daily Life at the Time of Jesus*, Herzlia (Israël), Palphot, 2007, p. 23.
14. 2 Chroniques 16,9.

Notes

15. Romains 5,5
16. *Matthew Henry's Commentary on the Whole Bible,* Peabody (Massachusetts), Hendrickson, 1991, 5 :487.
17. BARNES. « Luke », p. 22.
18. Jean 1,17.
19. *Matthew Henry's Commentary,* 5 :487.
20. Psaume 33,4, NIRV.
21. R. C. Sproul, éd. *The Reformation Study Bible,* Lake Mary (Floride), Ligonier, 2005, p. 1458, commentaire sur Luc 2,31.
22. Ésaïe 42,6.
23. Elizabeth George. *Women Who Loved God: A Devotional Walk with the Women of the Bible,* Eugene (Orégon), Harvest, 1999, 7 octobre.
24. Jean 19,34.
25. 1 Pierre 5,7.

Chapitre 8 : La joie de tous les cœurs pleins d'espoir

1. *Matthew Henry's Commentary on the Whole Bible,* Peabody (Massachusetts), Hendrickson, 1991, 5 :489.
2. Philippiens 3,12 (Bible de Jérusalem).
3. Exode 15,20 ; Juges 4,4 ; 2 Rois 22,14 ; Néhémie 6,14 ; Ésaïe 8,3 ; Actes 21,8-9.
4. Josué 19,24-31.
5. Rose Sallberg Kam. *Their Stories, Our Stories: Women of the Bible,* New York, Continuum, 1995, p. 168.

6. Claudia Gold. *Queen, Empress, Concubine: Fifty Women Rulers from the Queen of Sheba to Catherine the Great*, London, Quercus, 2009, p. 42, 56, 60.

7. Apocalypse 3,5.

8. Edith Deen. *All of the Women of the Bible*, New York, Harper and Row, 1955, p. 174.

9. Gien Karssen. *Her Name Is Woman*, Colorado Springs, NavPress, 1992, 1 :150.

10. Ross Saunders. *Outrageous Women, Outrageous God: Women in the First Two Generations of Christianity*, Alexandria (New South Wales, Australia), E. J. Dwyer, 1996, p. 31.

11. Miriam Feinberg Vamosh. *Women at the Time of the Bible*, Herzlia (Israël), Palphot, 2007, p. 39.

12. 1 Timothée 5,5 (Bible de Jérusalem).

13. Walter C. Kaiser Jr. et Duane A. Garrett, éd. *NIV Archaeological Study Bible: An Illustrated Walk Through Biblical History and Culture*, Grand Rapids, Zondervan, 2005, p. 1648.

14. Ann Spangler et Jean E. Syswerda. *Women of the Bible: A One-Year Devotional Study of Women in Scripture*, Grand Rapids, Zondervan, 1999, p. 311.

15. Frances Vander Velde. *Women of the Bible*, Grand Rapids, Kregel, 1985, p. 161.

16. Joy Jacobs. *They Were Women Like Me: Women of the New Testament in Devotions for Today*, Camp Hill (Pennsylvanie), Christian Publications, 1993, p. 40.

17. Edith Deen. *Wisdom from Women in the Bible*, New York, HarperCollins, 2003, p. 137.

18. Psaume 27,4.
19. Albert Barnes. «Luke», dans *Notes on the New Testament*, Grand Rapids, Baker, 1998, p. 24.
20. Scott Hagan. *They Walked with the Savior: Twenty Ordinary People in the Gospels Who Had Extraordinary Encounters with God*, Lake Mary (Floride), Charisma, 2002, p. 164.
21. 1 Corinthiens 7,34 (Bible de Jérusalem).
22. *Matthew Henry's Commentary*, 5:489.
23. DEEN. *All of the Women*, p. 172.
24. Vander Velde. *Women of the Bible*, p. 133.
25. *Matthew Henry's Commentary*, 5 : 489.
26. Karssen. *Her Name Is Woman*, p. 152.
27. 2 Timothée 4,8 (Bible en français courant).
28. Saunders. *Outrageous Women, Outrageous God*, p. 31.
29. Kam. *Their Stories, Our Stories*, p. 170.
30. Psaume 68,12.
31. Hébreux 2,17.
32. *Matthew Henry's Commentary*, 5:490.

Guide de lecture

1. R. C. Sproul, éd. *The Reformation Study Bible*, Lake Mary (Floride), Ligonier, 2005, p. 1454, commentaire sur Luc 1,19.
2. Jérémie 32,17
3. Carolyn Custis James. *Lost Women of the Bible: Finding Strength and Significance Through Their Stories*, Grand Rapids, Zondervan, 2005, p. 166.

4. Carolyn Nabors Baker. *Caught in a Higher Love: Inspiring Stories of Women in the Bible*, Nashville, Broadman and Holman, 1998, p. 7.
5. D. A. Carson. « Matthew », dans *The Expositor's Bible Commentary*, Grand Rapids, Zondervan, 1984, 8:81.
6. 1 Samuel 2,3.
7. Scott Hagan. *They Walked with the Savior: Twenty Ordinary People in the Gospels Who Had Extraordinary Encounters with God*, Lake Mary (Floride), Charisma, 2002, p. 165.

Versions additionnelles de la Bible

American Standard Version (ASV). Amplified Bible (AMP). Copyright © 1954, 1958, 1962, 1964, 1965, 1987 The Lockman Foundation. Avec permission. Common English Bible (CEB). Copyright © 2011 Common English Bible. Complete Jewish Bible (CJB). Copyright © 1998 David H. Stern. Tous droits réservés. Contemporary English Version (CEV). Copyright © 1991, 1992, 1995 American Bible Society. Avec permission. Douay-Rheims 1899 American Edition (DRA). Easy-to-read Version (ERV). Copyright © 2006 World Bible Translation Center. English Standard Version (ESV), copyright © 2001 Crossway Bibles, une division de Good News Publishers. Avec permission. Tous droits réservés. Expanded Bible (EXB). Copyright © 2011 Thomas Nelson, Inc. Avec permission. Tous droits réservés. Geneva Bible (GNV), édition de 1599. Publiée par Tolle Lege Press. Tous droits réservés. God's Word (GOD'S WORD), une version protégée de God's Word to the Nations Bible Society. Citations utilisées avec permission. Copyright © 1995 God's Word to the Nations. Tous droits réservés. Good News Translation — deuxième édition (GNT). Copyright © 1992 American Bible Society. Avec permission. Holman Christian Standard Bible® (HCSB). Copyright © 1999, 2000, 2002, 2003, 2009 Holman Bible Publishers. Avec permission. Holman Christian Standard Bible®, Holman CSB® et HCSB® sont des marques de commerce déposées au niveau fédéral de Holman Bible Publishers. J. B. Phillips (PHILLIPS), The New Testament in Modern English, édition révisée© 1972 par J. B. Phillips. Copyright renouvelé © 1986, 1988 Vera M. Phillips. King James Version (KJV). Knox Translation of the Bible (KNOX) par Monseigneur Ronald Knox. Copyright © 2012 Westminster Diocese. Lexham English Bible (LEB). Copyright © 2012 Logos Bible Software. Lexham est une marque de commerce déposée de Logos Bible Software. The Message (MSG) par Eugene H. Peterson. Copyright © 1993, 1994,

English (WEB). Copyright © 1969, 1971, 1996, 1998 SOON Educational Publications, Willington, Derby, DE65 6BN, Angleterre. Wycliffe Bible (WYC). Copyright © 2001 Terence P. Noble. Young's Literal Translation (YLT).

Remerciements

Ce livre, *Les femmes de Noël*, est né au cours d'une session d'étude en ligne de la Bible qui s'est déroulée pendant l'avent. J'ai pris un plaisir immense à regrouper tous ces échanges et à les combiner avec les autres idées contenues entre les couvertures de ce livre. Les milliers de sœurs et de frères dans le Christ qui suivent fidèlement mon forum de discussions bibliques sont chers à mon cœur. Je suis particulièrement reconnaissante aux lectrices qui y ont participé en publiant des commentaires venant du fond de leur cœur.

Vous avez déjà rencontré quelques-unes de ces âmes douces dans ces pages : Miriam, Sherry, Marbara, Steph, Stacy, Tina, Kirra, Liz, Nicole, Susan, Elizabeth, Cathy, Shelly, Elisabeth, Ann, Chari, Christina, Michele, Brenda, Alina, Lisa, Candy, Phyllis, Tracy, Shari, Tosin, Rhetta, Karen, Robin. Merci, mes sœurs, de m'avoir accordé le privilège de partager vos réflexions avec d'autres.

Pour suivre mon blogue hebdomadaire, visitez mon site www.LizCurtisHiggs.com/blog et inscrivez-vous pour le recevoir dans votre boîte de réception.

Un gros câlin à mon équipe de rédaction, dont l'immense patience et les directives aimables ont rendu le processus de révision *presque* indolore : Laura Barker, Carol Bartley, Sara Fortenberry, Rebecca Price, Bill Higgs, Helen Macdonald, Rose Decaen et Matthew Higgs. Des remerciements spéciaux à Allison O'Hara, de WaterBrook

Multnomah, dont l'enthousiasme initial pour ce projet a aidé à mettre les choses en mouvement.

Enfin, à toute l'équipe de *Women of Faith*, en particulier mes chères sœurs qui ont pris la parole : merci de m'avoir accueillie dans votre groupe, et soyez toutes bénies pour tout ce que vous avez fait pour célébrer Jésus. Cela fut une joie immense de faire connaître les histoires d'Élisabeth et de Marie à l'occasion de notre tournée 2013 sous le thème *Croyez que tout est possible à Dieu* !